T0194783

essentials

Essentials liefern aktuelles Wissen in konzentrierter Form. Die Essenz dessen, worauf es als „State-of-the-Art" in der gegenwärtigen Fachdiskussion oder in der Praxis ankommt. Essentials informieren schnell, unkompliziert und verständlich.

- als Einführung in ein aktuelles Thema aus Ihrem Fachgebiet
- als Einstieg in ein für Sie noch unbekanntes Themenfeld
- als Einblick, um zum Thema mitreden zu können.

Die Bücher in elektronischer und gedruckter Form bringen das Expertenwissen von Springer-Fachautoren kompakt zur Darstellung. Sie sind besonders für die Nutzung als eBook auf Tablet-PCs, eBook-Readern und Smartphones geeignet.

Essentials: Wissensbausteine aus den Wirtschafts, Sozial- und Geisteswissenschaften, aus Technik und Naturwissenschaften sowie aus Medizin, Psychologie und Gesundheitsberufen. Von renommierten Autoren aller Springer-Verlagsmarken.

Paul Wittenbrink

Green Logistics

Konzept, aktuelle Entwicklungen
und Handlungsfelder zur
Emissionsreduktion im
Transportbereich

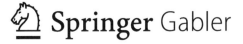

Prof. Dr. Paul Wittenbrink
Duale Hochschule Baden-Württemberg
Lörrach
Deutschland

ISSN 2197-6708   ISSN 2197-6716 (electronic)
essentials
ISBN 978-3-658-10691-1   ISBN 978-3-658-10692-8 (eBook)
DOI 10.1007/978-3-658-10692-8

Die Deutsche Nationalbibliothek verzeichnet diese Publikation in der Deutschen Nationalbiblio-
grafie; detaillierte bibliografische Daten sind im Internet über http://dnb.d-nb.de abrufbar.

Springer Gabler
© Springer Fachmedien Wiesbaden 2015

Gedruckt auf säurefreiem und chlorfrei gebleichtem Papier

Springer Fachmedien Wiesbaden ist Teil der Fachverlagsgruppe Springer Science+Business Media
(www.springer.com)

Vorwort

Ende 2014 ist die Neuauflage meines Buches „Transportmanagement – Kosten-optimierung, Green Logistics und Herausforderungen an der Schnittstelle Rampe" in vollkommen überarbeiteter Form erschienen. Neben Beiträgen zu logistischen Trends, der strategischen Positionierung, der Nutzfahrzeug- und Transportkosten-kalkulation, bildet das Thema Green Logistics einen wesentlichen Schwerpunkt. Angesichts der großen Bedeutung des Themas hat mich der Springer Gabler Verlag gebeten, ein Essential Green Logistics herauszugeben. Dabei war es mir wichtig, nicht nur aktuelle Entwicklungen, den Ist-Zustand bei der Emissionsbelastung und die methodischen Ansätze zur Messung des Carbon Footprint aufzuzeigen. Viel-mehr ging es mir auch darum, konkrete Handlungsfelder zur Emissionsreduktion im Güterverkehrsbereich anhand der Ansätze Vermeiden, Verlagern und Vermin-dern vorzustellen. Sofern ich Ihnen mit diesem Essential die ein oder andere Anre-gung im Bereich Transportmanagement geben kann, würde mich das freuen. Auch ich freue mich über Anregungen und Kritik (wittenbrink@dhbw-loerrach.de).

Lörrach im April 2015   Prof. Dr. Paul Wittenbrink

Was Sie in diesem Essential finden können

- Methoden und Beispiele zur Berechnung des Carbon Footprint im Transportbereich
- Grundsätzliche Ansätze zur Emissionsreduktion im Güterverkehr
- Ansätze zur Vermeidung von Emissionen im Güterverkehr
- Logistische Steuerungsprinzipien und deren Auswirkungen auf die transportbedingten Emissionen sowie Formen der Bündelung von Transporten
- Ansätze zur Verlagerung von Transporten von der Straße auf die Schiene
- Produktgruppen im Schienengüterverkehr sowie Gründe für und gegen den Einsatz der Schiene
- Ansätze zur Verminderung der transportbedingten Emissionen, insbesondere Ansätze zur Kraftstoffeinsparung und Verminderung von CO_2-Emissionen

Inhaltsverzeichnis

Abbildungsverzeichnis

Tabellenverzeichnis

Green Logistics und Umweltmanagement

1

Wie eine aktuelle Untersuchung im Auftrag des Logistikclusters Raum Basel zeigt, hat das Thema „Green Logistics" zwar etwas an Bedeutung verloren, gleichwohl ist der Stellenwert dieses Themas für die Unternehmen nach wie vor groß und wird noch weiter zunehmen (Abb. 1.1; Wittenbrink und Breisinger 2014).[1] Angesichts dieser Bedeutung besteht nun mit den folgenden Ausführungen das Ziel, bezogen auf den Transportbereich, kurz in die wesentlichen Aspekte grüner Logistik einzuführen. Neben der Vorstellung des Konzepts des Carbon-Footprint-Ansatzes beinhaltet dies insbesondere die Diskussion grundsätzlicher Ansätze zur Emissionsreduktion im Güterverkehrsbereich, die entlang der Ansätze „Vermeiden", „Verlagern" und „Vermindern" vorgestellt und diskutiert werden.

Green Logistics ist ein nachhaltiger und systematischer Prozess zur Erfassung und Reduzierung der Ressourcenverbräuche und Emissionen, die aus Transport- und Logistikprozessen in und zwischen Unternehmen resultieren (Wittenbrink 2010, S. 16). Das Themenfeld Green Logistics ist als Teil des Umweltmanagements anzusehen. Darunter versteht man die Integration umweltbezogener Aspekte in betriebswirtschaftliche Entscheidungen (Günther und Feess 2010). Umweltmanagement ist eine Führungsaufgabe, die weit über den Funktionsbereich der Produktion hinausgeht und auch die Unternehmensbereiche Marketing, Investition/ Finanzierung, Organisation und Rechnungswesen betrifft (Wöhe 2013, S. 283). Um die behördlichen, gesetzlichen und unternehmenseigenen Ziele zu erfüllen, ist zumeist die Einführung eines Umweltmanagementsystems erforderlich (Dillerup und Stoi 2013, S. 92 f.).

Zu diesem Zweck sind im Rahmen eines systematischen Managements die Umweltwirkungen aller Tätigkeiten, Produkte und Dienstleistungen zu analysieren

---

[1] Zum Stellenwert „grüner Logistik" vgl. Wittenbrink und Breisinger (2013, 2014); Wittenbrink (2010, S. 16 ff., 2014, S. 295 ff.).

© Springer Fachmedien Wiesbaden 2015
P. Wittenbrink, *Green Logistics,* essentials, DOI 10.1007/978-3-658-10692-8_1

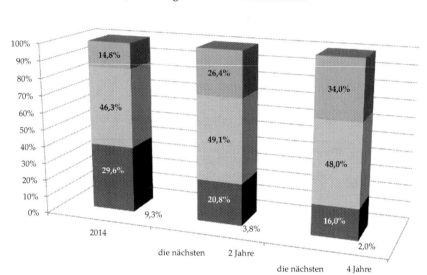

2014: Welche Bedeutung hat das Thema
„Grüne Logistik" für Ihr Unternehmen?

■ keine Bedeutung   ■ geringe Bedeutung   ▨ hohe Bedeutung   ▨ sehr hohe Bedeutung

Abb. 1.1 Bedeutung Green Logistics Region Basel. (Quelle: Wittenbrink und Breisinger 2014, S. 11)

und zu bewerten. Neben den inhaltlichen Aspekten kommt es dabei insbesondere auch auf kontinuierliche Verbesserungen an. Diese sind aber nur dann zu belegen, wenn sie messbar und transparent dargestellt sind (Fötsch und Meinholz 2011, S. 88).

Insbesondere durch bessere Motoren und eine bessere Kraftstoffqualität sind die spezifischen Emissionen pro Verkehrsaufwand (Tonnenkilometer tkm) beim Straßengüterverkehr seit 1995 erheblich gesunken. So sanken die spezifischen SO_2-Emissionen um mehr als 99 %, während sich die CO_2-Emissionen um immerhin 28 % reduzierten (Umweltbundesamt 2014b).

Mit der zum 1.1.2014 gültigen EURO-6-Norm für schwere Lkw besteht das Ziel, die NO_x-Emissionen im Vergleich zu EURO 5 noch einmal um ca. 80 % zu senken und die Partikelemissionen zu halbieren (Grünig 2010, S. 59). Trotz der sehr eindrucksvollen Senkung der spezifischen Emissionen beim Straßengüterverkehr zeigt der Vergleich mit den entsprechenden Werten von Bahn und Binnenschiff, dass diese noch erheblich weniger emittieren (Tab. 3.1).

Obwohl die spezifischen Emissionen des Güterverkehrs erheblich gesunken sind, zeigt sich, dass die technisch bedingten Senkungen je Tonnenkilometer vom gestiegenen Verkehrsaufkommen zum Teil wieder ausgeglichen wurden. Die absoluten CO_2-Emissionen des Straßengüterverkehrs sind zwischen 1995 und 2010 trotz technischer Verbesserungen sogar um 11 % angestiegen (Umweltbundesamt 2014).

Ohne an dieser Stelle im Detail auf den umweltpolitischen Handlungsbedarf im Güterverkehrsbereich einzugehen[2], ist es offensichtlich, dass erhebliche Anstrengungen notwendig sind, um die angestrebten Emissionsminderungsziele zu erreichen. So kommt auch der Sachverständigenrat für Umweltfragen (SRU) in seinem Jahresgutachten 2012 zu dem Schluss, dass „die CO_2-Emissionen des Straßengüterverkehrs (…) eines der großen ungelösten Probleme der deutschen Klimapolitik" sind (SRU 2012, S. 215). Im Gegensatz zum Straßengüterverkehr zeichnen sich bei der Raumwärmebereitstellung angesichts einer drastisch steigenden Energieeffizienz bei der Stromerzeugung (regenerative Energiequellen) erhebliche Verbesserungen ab. Und auch beim motorisierten Individualverkehr sind dank der Elektromobilität nachhaltige Lösungen realistisch. Demgegenüber gibt es nach Einschätzung des SRU für den Straßengüterverkehr kaum Lösungsansätze (SRU 2012, S. 215). Angesichts dieser Situation sucht der SRU nach neuen Lösungen und schlägt eine Elektrifizierung des Güterverkehrs als eine zu priorisierende Maßnahme vor. Diese sieht angesichts mangelnder Alternativen zum Dieselantrieb neben der Verlagerung auf den Schienengüterverkehr eine Elektrifizierung von Autobahnabschnitten mit Oberleitungen und stromgeführten Lkw vor (SRU 2012, S. 238 ff.). Auch wenn an dieser Stelle eine umfangreiche Bewertung dieses (durchaus denkbaren) Ansatzes den Rahmen dieses Buches sprengen würde, zeigt sich hier, vor welchen Herausforderungen der Straßengüterverkehr in der Zukunft steht.

---

[2] Vgl. Bracher et al. (2014, S. 29); Wittenbrink (2014, S. 336 ff.).

Carbon Footprint – Konzept und Ansätze zur Messung der CO_2-Emissionen

2.1 Grundlagen

Einen zentralen Stellenwert innerhalb der Green-Logistics-Debatte haben die Messung von transportbedingten CO_2-Emissionen und die Ermittlung eines CO_2-Fussabdrucks (Carbon Footprint) eingenommen. Zwar gibt es bisher keinen international anerkannten Standard zur Ermittlung von CO_2- und Treibhausgasemissionen. Mit dem CEN-Standard prEN 162528:2011 liegt jedoch eine Norm „Methode zur Berechnung und Deklaration des Energieverbrauchs und der Treibhausgasemissionen bei Transportdienstleistungen" vor, der sich zunehmend schon zum Standard für die Berechnung entwickelt (Kranke et al. 2011, S. 61 ff.).

Verlader verlangen zunehmend auch von Transport- und Logistikdienstleistern, dass diese ihre Treibhausgasemissionen transparent aufzeigen und reduzieren. Da Kohlendioxid als wichtigstes Treibhausgas gilt, gehen immer mehr Logistikunternehmen dazu über, ihre CO_2-Bilanz zu erfassen und den CO_2-Fußabdruck zu erstellen (Zunke 2009, S. 57; Wittenbrink und Gburek 2009).

Waren in der Vergangenheit viele Kunden noch mit einem überschlägigen CO_2-Fußabdruck zufrieden, werden nun zunehmend genaue Rechenwerke verlangt (Ruthenschröer und Wohlfahrt 2010, S. 10). Darüber hinaus werden bei Transport-Ausschreibungen Angaben über die CO_2-Emissionen immer mehr zum Standard, sodass Logistikdienstleister hier auskunftsfähig sein müssen (o. V. 2010).

Von *Corporate Carbon Footprinting* wird gesprochen, wenn ein Logistiker für sein Gesamtunternehmen die Treibhausgasemissionen berechnet, um darauf aufbauend Klimaschutzmaßnahmen zu ergreifen. Wird hingegen nur für einzelne Transporte, z. B. für bestimmte Kunden, eine Klimabilanz erstellt, spricht man von *Product Carbon Footprinting*. Die methodischen Grundlagen für die Berechnung werden durch die ISO-Norm 14 064-1 oder den „Corporate Accounting and Reporting Standard" des Greenhouse-Gas(GHG)-Protocol definiert. Bei beiden

P. Wittenbrink, *Green Logistics,* essentials, DOI 10.1007/978-3-658-10692-8_2

Erfassung von Treibhausgasemissionen lt. GHG-Protocol

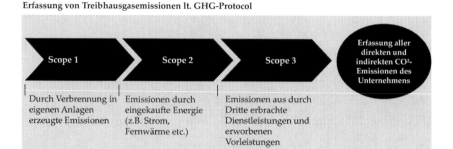

Abb. 2.1 Bilanzierungsgrenzen gemäß GHG-Protokoll. (Quelle: Eigene Darstellung nach Kranke et al. 2011, S. 37)

Standards wird zunächst eine Festlegung der Systemgrenzen gefordert (Schmied 2010, S. 3, Abb. 2.1):

- Scope 1: direkte Emissionen, die durch die Verbrennung von Kraftstoffen der eigenen Fahrzeuge oder von Gas bzw. Heizöl im Unternehmen resultieren.
- Scope 2: indirekte Emissionen infolge der Bereitstellung von Strom, Fern- oder Prozesswärme.
- Scope 3: Emissionen, die durch Dienstleistungen von Subunternehmern oder die Herstellung von Kraftstoffen entstehen.

Während die Berechnung von Scope 1 und 2 verpflichtend ist, steht es den Unternehmen frei, die Scope-3-Emissionen zu berechnen. Dies setzt sich jedoch zunehmend durch, da ansonsten ein Vergleich zwischen Unternehmen mit unterschiedlichem Selbsteintritt, d. h. des Anteils der Nutzung eigener Fahrzeuge anstatt Subunternehmer, kaum möglich ist. Während bei kleineren und mittleren Unternehmen die CO_2-Emissionen sehr genau über die Kraftstoffverbräuche ermittelbar sind, ist dies bei großen Transport und Logistikdienstleistern mit einer Vielzahl von Subunternehmern fast nur über einen entfernungsbasierten Ansatz auf Basis von Emissionsfaktoren für die Tonnenkilometer (tkm) möglich. Entsprechende Emissionsfaktoren können aus offiziellen Datenbanken wie Tremod für Deutschland, Tremove für die EU oder aus öffentlich zugänglichen Rechentools wie Eco-Transit World[1] entnommen werden (Schmied 2010, S. 3).

Um eine einheitliche Methode zur Messung der Treibhausgasemissionen zu erhalten, wurde ein CEN-Standard prEN 16258:2011 „Methode zur Berechnung und Deklaration des Energieverbrauchs und der Treibhausgasemissionen bei Trans-

---

[1] http://www.ecotransit.org/index.de.phtml.

Well-to-Tank (Energievorkette) (WTT):
Systematische Erfassung von Energieverbrauch bzw. allen indirekten Emissionen der
Kraftstoffbereitstellung von der Quelle bis zum Fahrzeugtank. Der Energieverbrauch
umfasst auch Verluste bei der Herstellung der Energieträger z. B. in Kraftwerken oder in
Hochspannungsleitungen.

Tank-to-Wheel(Fahrzeug): (TTW)
Systematische Erfassung aller direkten Emissionen des Fahrzeugbetriebes. Beim Verbrauch
wird vom Endenergieverbrauch gesprochen.

Well-to-Wheel (Fahrzeug + Energievorkette) (WTW):
SummeausWell-to-Tank und Tank-to-Wheel, also aus direkten und indirekten Emissionen.
Beim Verbrauch wird von Primärenergieverbrauch gesprochen, der neben dem
Endenergieverbrauch alle Verluste aus der Vorkettemit einschließt.

Abb. 2.2 Definitionen von Energieverbrauch und Emissionen nach prEN 16258:2011.
(**Quelle**: Schmied und Knörr 2012, S. 22)

portdienstleistungen (Güter- und Personen-Verkehr)" entwickelt. Dabei handelt es
sich um eine europäische Norm zur standardisierten Berechnung und Kennzeich-
nung des Energieverbrauchs und der Treibhausgasemissionen von Transporten und
Transportketten (Kranke et al. 2011, S. 279 ff.; Schmied und Knörr 2012, S. 7 ff.).
Dabei unterscheidet die Norm die drei Systemgrenzen „Well-to-Tank", „Tank-to-
Wheel" und „Well-to-Wheel" (Abb. 2.2).

Nach der CEN-Norm prEN 16258:2011 besteht grundsätzlich die Möglichkeit,
die Verbrauchsdaten nach der *verbrauchsbasierten* oder der *entfernungsbasierten*
Methode zu ermitteln (Abb. 2.3). Bei der verbrauchsbasierten Methode gibt es drei

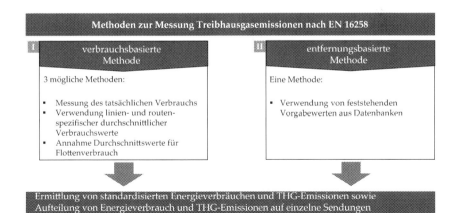

Abb. 2.3 Methoden zur Messung der Treibhausgasemissionen (THG) (CO_2-Äquivalente).
(Quelle: Eigene Erstellung nach Schmied und Knörr 2012, S. 39 ff.)

8   2 Carbon Footprint

Tab. 2.1 Faktoren zum Umrechnen von Energieverbrauchsdaten in Treibhausgasemissionen (für Kraftstoffe basierend auf den Angaben der Norm EN 16 258, Stand März 2013). (Quelle: DSLV 2013, S. 12)

	Einheit	Direkt (TTW)	Gesamt (WTW)
Diesel (ohne Biodiesel)	kg/l	2,67	3,24
Diesel Deutschland	kg/l	2,49	3,15
Kerosin	kg/kg	3,18	3,88
Schweröl für Schiffe	kg/kg	3,15	3,41
Bahnstrom Deutschland	kg/kWh	0,000	0,574
Strom Deutschland	kg/kWh	0,000	0,583
Erdgas – Heizwert	kg/kWh	0,202	0,242
Erdgas – Brennwert	kg/kWh	0,182	0,218
Heizöl	kg/kg	2,67	3,09

Tab. 2.2 Durchschnittliche Verbrauchswerte pro Tonnenkilometer differenziert nach Verkehrsmittel und Fahrzeugtypen. (Quelle: DSLV 2013, S. 12)

Verkehrsmittel/ Fahrzeuge	Energie	Einheit	Volumen-gut	Durch-schnitts-gut	Massen-gut
Lkw < 7,5 t	Diesel	l/tkm	0,140	0,078	0,063
Lkw 7,5–12 t	Diesel	l/tkm	0,108	0,061	0,050
Lkw 12–24 t	Diesel	l/tkm	0,063	0,036	0,029
Last/Sattelzug 24–40 t	Diesel	l/tkm	0,038	0,023	0,020
Zug mit Elektrotraktion	Bahnstrom	kWh/tkm	0,042	0,032	0,028
Zug mit Dieseltraktion	Diesel	l/tkm	0,011	0,009	0,008
Containerschiff	Schweröl	kg/tkm	0,0089	0,00051	0,0037
Massengutfrachter	Schweröl	kg/tkm	X	X	0,0017
Binnenschiff (GMS)	Diesel	l/tkm	X	X	0,0088
Frachtflugzeug	Kerosin	kg/tkm	0,148	X	X
Belly-Fracht	Kerosin	kg/tkm	0,258	X	X

unterschiedliche Ansätze, während bei der entfernungsbasierten Methode nur ein Ansatz möglich ist (Schmied und Knörr 2012, S. 39 ff.). Die für die Berechnung notwendigen Umrechnungsfaktoren sind in Tab. 2.1 und 2.2 enthalten.

2.2   Berechnungsbeispiele

Am Beispiel der verbrauchsorientierten Methode lassen sich die CO_2-Emissionen bei Komplettladungen vergleichsweise einfach ermitteln, da ein Lkw unabhängig von Motor, Fahrzeugtyp oder Schadstoffklasse 2,49 (TTW) bzw. 3,15 kg CO_2 (WTW) bei der Verbrennung von einem Liter reinem Diesel verursacht (Tab. 2.1).

Tab. 2.3 Berechnungsmethode CO_2-Emissionen bei Lkw-Teilladungen. (Quelle: in Anlehnung an Kranke 2009, S. 23)

Berechnung CO_2-Emission bei tatsächlicher Nutzlast

CO_2-Emission $_{\text{NL-Ist}}$ = EV $_{\text{NL-Ist}}$ × CO_2-Faktor (kg CO_2 je 100 km)

Energieverbrauch bei tatsächlicher Nutzlast

Energieverbrauch $_{\text{NL-Ist}}$ = EV_{leer} + (EV_{voll} − EV_{leer}) × (NL_{Ist}/NL_{max})

EV Energieverbrauch, *NL* Nutzlast, NL_{Ist} tatsächliche Lkw-Zuladung in Tonnen (t), NL_{max} maximale Nutzlast in Tonnen (t)

Werden alternative Kraftstoffe verwendet, sind andere Umrechnungsfaktoren zu berücksichtigen. Ein Sonderfall besteht bei EURO-5-Fahrzeugen mit SCR-Technik, weil hier neben dem Dieselverbrauch noch Harnstoff (Adblue) verbraucht wird. Dieser Verbrauch liegt bei ca. drei bis fünf Prozent des Dieselverbrauchs und führt zu einer CO_2-Emission von ca. 238 g je Liter Adblue (Kranke 2009, S. 21 f.).

Handelt es sich bei dem betrachteten Transport um Teilladungen, sind zusätzliche Informationen über die Lkw-Verbrauchswerte im vollen und leeren Zustand zu berücksichtigen, wobei die besondere Schwierigkeit in der Praxis darin liegt, die unterschiedlichen Verbrauchswerte der Fahrzeuge im voll beladenen und leeren Zustand zu ermitteln.

Die Anwendung der Berechnung wird im Folgenden mit *Fall 1* kurz anhand eines gut ausgelasteten Sattelzuges dargestellt (in Anlehnung an Kranke 2009, S. 23.). Es sei angenommen, dass sieben Paletten à 500 kg von Bremerhaven Containerterminal nach München Messegelände transportiert werden (819 km). Für den Transport wird ein EURO-5-Sattelzug (400 PS) mit 40 t zulässigem Gesamtgewicht und 25 t maximaler Nutzlast verwendet. Die Verbrauchswerte liegen bei voller Auslastung bei 31,4 L je 100 km (EV_{voll}), ohne Ladung verbraucht der Lkw 21,3 L Diesel (EV_{leer}). Der Sattelzug transportiert neben den fünf Paletten weitere 11,5 t Ladung (Tab. 2.4).

Nach der in Tab. 2.3 dargestellten Formel ergibt sich für die Gesamtladung von 15 t (3,5 t + 11,5 t) ein Energieverbrauch von 27,36 L je 100 km (21,3 + ((31,4 − 21,3) × (15 t/25 t)). Hierbei wird der Zusatzverbrauch der (Voll-)Lastfahrt mit der anteiligen Nutzlast-Ausschöpfung multipliziert. Die CO_2-Emissionen ergeben sich nun aus der Multiplikation des ermittelten Verbrauchs mit dem CO_2-Faktor. Wird nun nur der TTW-CO_2-Faktor (Tank-to-Wheel) zugrunde gelegt (Tab. 2.1), resultiert bei dem Verbrauch von 27,36 L eine CO_2-Emission von 68,13 kg je 100 km (CO_2-Emission = 27,36 × 2,49 = 0,6813 kg CO_2 je km). Der WTW (Well-to-Wheel-Wert) liegt dann bei 86,18 kg (Tab. 2.4).

Tab. 2.4 Beispiel: Berechnung von CO_2-Emissionen. (Quelle: In Anlehnung an Kranke 2009, S. 23)

		Fall 1	Fall 2
Energieverbrauch$_{leer}$	21,3		
Energieverbrauch$_{voll}$	31,4		
Nutzlast in t	25		
THG-Faktor TTW	2,49		
THG-Faktor WTW	3,15		
km		819	819
Teilladung in t		3,5	3,5
Weitere Teilladung		11,5	
Summe Ladung		15	3,5
Eff. Energieverbrauch je 100 km		27,36	22,71
CO_2-Emission TTW je 100 km		68,13	56,55
CO_2-Emission WTW je 100 km		86,18	71,54
CO_2-Emission kg Gesamtstrecke			
CO_2-Emission TTW		557,98	463,14
CO_2-Emission WTW		705,81	585,91
CO_2-Emission kg Teilladung			
CO_2-Emission TTW		130,20	463,14
CO_2-Emission WTW		164,69	585,91
CO_2-Emission Strecke in g/tkm			
CO_2-Emission TTW		45	162
CO_2-Emission WTW		57	204

Bei 819 km resultiert nun eine CO_2-Emission (WTW) von 705,81 kg (8,19 × 86,18) für die Gesamtladung von 15 t. Für die sieben Paletten fällt anteilig jedoch nur eine CO_2-Emission von 164,69 kg (3,5 t/15 t × 705,81 kg) an. Dies führt bei 819 km und 3,5 t (2866,5 tkm) zu einem CO_2-Ausstoß von 57 g je tkm (WTW) (164,69 kg/ 2866,5 tkm).

Wird für das obige Beispiel angenommen, dass der Lkw nur für die sieben Paletten von Bremerhaven nach München fährt (*Fall 2*), ergeben sich folgende Werte (in Anlehnung an Kranke 2009, S. 23.): Der durchschnittliche Energieverbrauch beträgt in diesem Fall 22,71 L je 100 km $(21,3+(31,4-21,3)\times(3,5$ t/25 t)). Die CO_2-Emission (WTW) beträgt nun 71,54 kg CO_2 je 100 km $(22,71\times3,15/100)$. Wird nun dieser Wert auf die 819 km hochgerechnet, ergibt sich eine CO_2-Emission von 585,91 kg (WTW), was 204 g CO_2 je Tonnenkilometer(tkm) ergibt (585,91 kg/2866,5 tkm). Da der Lkw nur mit den sieben Paletten ausgelastet ist, wird dieser Teilpartie die gesamte CO_2-Emission zugerechnet (Tab. 2.4).

Dieses Beispiel zeigt, dass es relativ aufwendig sein kann, die tatsächliche CO_2-Emission zu berechnen. Insofern wird in einigen Fällen auch die entfernungsbasierte Methode angewandt (Abb. 2.3). Am Beispiel einer Tour von 500 km mit einem Sendungsgewicht von 15 t resultieren dabei 7500 tkm. Wird dann bei den in Tab. 2.2 genannten Verbrauchswerten je Tonnenkilometer beim Transport eines Durchschnittsgutes von einem Dieselverbrauch je Tonnenkilometer von 0,023 L ausgegangen, resultiert bei 7500 tkm ein Kraftstoffverbrauch von 172,5 L. Nach der WTW-Methode ergeben sich dann CO_2-Emissionen von 543,38 kg $(172,5\times3,15)$. Wird hingegen von Volumengut ausgegangen, steigt der Wert auf 897,75 kg (Verbrauch 0,038 g je tkm).

Um den Aufwand zur Berechnung zu reduzieren, wird inzwischen eine Vielzahl von Tools zur Berechnung des Carbon Footpints angeboten (Kranke et al. 2011, S. 311 ff.). Auch wenn die Tools eine gute Unterstützung bei der Berechnung des Carbon Footprint geben können, entlastet dies die Unternehmen nicht davon, die eigene Situation und ihre Energieverbräuche zu kennen. Dies ist zum einen wichtig, weil heute immer mehr Kunden eine fundierte Carbon-Footprint-Analyse verlangen. Zum anderen ist die Kenntnis der spezifischen Footprint-Situation auch wichtig, um darauf aufsetzen und Veränderungen messen zu können. Schließlich korrelieren die CO_2-Emissionen immer mit den Energieverbräuchen, die es angesichts steigender Energiekosten zu senken gilt und es sich allein deswegen schon lohnt, sich mit dem Thema „Energieverbrauchssenkung" intensiv auseinanderzusetzen.

3.1 Einführung

Zur Emissionsreduktion im Nutzfahrzeugbereich bestehen grundsätzlich vier Ansätze (Abb. 3.1):

- Durch welche Maßnahmen werden Anreize geschaffen, die Verkehrsnachfrage zu reduzieren, sodass der Verkehr möglichst vermieden wird *(Vermeiden)*?
- Durch welche Maßnahmen werden Anreize geschaffen, den (notwendigen) Verkehr möglichst mit umweltverträglicheren Verkehrsträgern (Bahn, Binnenschiff) durchzuführen (*Verlagern*)?
- Wie lassen sich die (notwendigen) Verkehre mit möglichst geringen CO_2-Emissionen bewerkstelligen (*Vermindern*)?
- Wie lassen sich die resultierenden CO_2-Emissionen in anderen Wirtschaftssektoren mit geringeren Vermeidungskosten reduzieren bzw. können Projekte zur CO_2-Reduktion zur Kompensation, z. B. in Drittweltländern, genutzt werden (*Vergüten/Kompensieren*)?

Das *Vergüten* von CO_2-Emissionsminderungen an anderer Stelle bzw. *Kompensation* wird von Organisationen wie z. B. der Non-Profit-Stiftung myclimate angeboten,[1] wobei es auch spezifische Lösungen für den Transportsektor gibt (myclimate 2014). Dabei wird für die CO_2-Emissionen, die sich nicht vermeiden lassen, eine Kompensation über myclimate-Klimaschutzprojekte durchgeführt, wodurch die Transport- und Logistikleistungen dann klimaneutral gestellt werden können. Wichtig ist dabei, dass die Kompensation nach dem sogenannten Gold-Standard,

---

[1] Vgl. www.myclimate.ch.

© Springer Fachmedien Wiesbaden 2015
P. Wittenbrink, *Green Logistics*, essentials, DOI 10.1007/978-3-658-10692-8_3

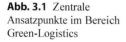

Abb. 3.1 Zentrale
Ansatzpunkte im Bereich
Green-Logistics

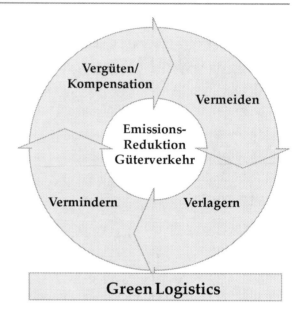

einem unabhängigen Label für hochwertige Klimaschutzprojekte, erfolgt, sodass
eine tatsächliche Kompensation eintritt.

Die drei Ansätze „Vermeiden", „Vermindern" und „Verlagern" werden nun im
Folgenden detailliert dargestellt.

3.2 Vermeiden

Bevor man sich die Frage stellt, wie der Verkehr im Hinblick auf seine Umwelt
effizienter gestaltet werden kann, sei es durch eine Verlagerung auf umweltfreund-
lichere Verkehrsträger oder durch Verminderung der Emissionen, ist zunächst zu
prüfen, welche Möglichkeiten bestehen, die Verkehrsnachfrage zu reduzieren. Dies
ist keine ganz einfache Aufgabe, stellt doch die Verkehrsnachfrage eine abgeleitete
Nachfrage dar und ist von vielen Faktoren wie z. B. den in einer Volkswirtschaft er-
brachten Gütern und Dienstleistungen, dem Wirtschaftswachstum, den sektoralen
Strukturen, der Fertigungstiefe und der Form der Arbeitsteilung und der geografi-
schen Ausdehnung der Lieferanten und Empfänger abhängig.

3.2.1 Transportintensität

In der Vergangenheit hat sich die Transport- bzw. Verkehrsleistung (tkm) immer überproportional zum Bruttoinlandsprodukt (BIP) entwickelt, was sich in der *Transportintensität* zeigt, also dem Verhältnis aus tkm und BIP. In nahezu allen Jahren, mit Ausnahme des Krisenjahrs 2009, ist die Transportleistung stärker gestiegen als das BIP, sodass die Transportintensität immer über „1" lag. So ist z. B. von 1995 bis 2007 die Transportleistung um 51 % gestiegen, während das BIP nur um 21 % anstieg. Im gleichen Zeitraum ist die Transportintensität um 25 % oder 1,9 % pro Jahr gestiegen. Ein Grund hierfür liegt insbesondere in der zunehmenden internationalen Arbeitsteilung und der Internationalisierung der Absatzmärkte durch überdurchschnittlich steigendes Wachstum der Außenhandelsströme. Steigen Exporte wie Importe (absolut) im gleichen Verhältnis an, bleibt der Außenbeitrag, als Differenz zwischen Exporten und Importen, und somit das BIP gleich, während die Transportleistungen überproportional wachsen (Intraplan und Ratzenberger 2013, S. 44).

Im Krisenjahr 2009 kam es zu einem gegenteiligen Effekt. Die Transportleistung sank überproportional zum BIP, sodass die Transportintensität sank. Nach einem leichten Anstieg in den Jahren 2010 und 2011 sank die Transportintensität 2012 wieder leicht, was in diesem Jahr aber insbesondere eine Folge des Rückgangs des Bausektors und weiterer transportintensiver Branchen war. Ab 2013 kam es jedoch wieder zu einem Anstieg, der sich voraussichtlich im Jahr 2014 wieder verstärken wird, sodass die Transportleistung wieder überproportional zum BIP steigen wird(Intraplan und Ratzenberger 2013, S. 44 f.).

Im Jahr 2013 ist die Transportleistung (+1,9 %) wieder stärker gestiegen als das Bruttoinlandsprodukt BIP (+0,3 %), sodass die Transportintensität deutlich gestiegen ist. Für 2014 wird in Deutschland und auch in Europa mit einer gesamtwirtschaftlichen Belebung gerechnet, wobei die Transportleistung wieder stärker wächst (+2,7 %) als das BIP (+1,8 %). In der Folge steigt die Transportintensität weiter an. Dies wird auch für die Folgejahre bis 2017 prognostiziert. Während das BIP um durchschnittlich 1,6 % pro Jahr steigt, wird mit einem Anstieg der Transportleistung von durchschnittlich 2,5 % gerechnet, die Transportintensität steigt also weiter an. Zwar wird die Transportintensität im Jahr 2017 noch ein bis zwei Prozent unter dem bisherigen Höchststand aus den Jahren 2006/2008 liegen, eine nachhaltige Senkung ist aber nicht in Sicht (Intraplan und Ratzenberger 2013, S. 41 ff.).

Besteht nun das Ziel, die verkehrsbedingten Emissionen zu reduzieren, muss dieser Zusammenhang durchbrochen werden, sodass ein Wachstum des BIP mit einem möglichst unterproportionalen Zuwachs an Transportleistung verbunden ist, Verkehr also vermieden wird.

Dabei sollte sich die Betrachtung nicht nur auf die Transportleistung beziehen. Es ist offensichtlich, dass sich die verkehrs- und umweltrelevanten Aspekte des Güterverkehrs erst mit der Dimension der Fahrleistungen sinnvoll abbilden lassen, denn diese sind relevant für die Emissionsbelastung. Zwar sind in den letzten Jahrzehnten die Fahrleistungen weniger stark gestiegen als die Transportleistungen, dieser Trend hat sich in der letzten Dekade jedoch deutlich verlangsamt (SRU 2012, S. 229). Insgesamt ist also die Entwicklung der Fahrleistungen kritisch zu beobachten. So können trotz sinkender Mengen (in t oder auch tkm) die Fahrleistungen ansteigen, wenn die Güter immer leichter werden, was zur Folge hat, dass viele Lkw zwar volumenmäßig ausgelastet sind, gewichtmäßig aber noch freie Kapazitäten suggeriert werden. Hinzu kommen sinkende Sendungsgrößen, die bei gleicher Transportleistung (tkm) zu mehr Fahrten führen können.

Wie sich die Transportleistungen und die Transportintensität in Zukunft entwickeln, ist heute ungewiss. Nach Analysen des Sachverständigenrats für Umweltfragen sind im Hinblick auf die Entwicklung der Transportintensität in den USA und vielen europäischen Ländern, mit Ausnahme von Deutschland, Sättigungsgrenzen erkennbar. Gründe für eine abnehmende Transportintensität werden insbesondere darin gesehen, dass (SRU 2012, S. 228 ff.)

- die Wachstumsraten abflachen,
- sich die Wachstumsdynamik osteuropäischer Länder reduziert,
- die Tertiarisierung, also die zunehmende Bedeutung des Dienstleistungssektors, der Volkswirtschaften zunimmt,
- die Dematerialisierung steigt, d. h. dass der gesamte Materialverbrauch sinkt,
- im Gegensatz zu der in der Vergangenheit weiträumigen internationalen Arbeitsteilung wieder eine eher verbrauchernahe Erzeugung und produktionsnahe Beschaffung an Bedeutung gewinnen und
- zunehmende Infrastrukturengpässe und energiepreisbedingte Transportkostensteigerungen zu einer veränderten Transportnachfrage führen. So hat sich allein zwischen 2009 und 2013 der Ölpreis verdoppelt.

3.2.2 Bündelung

Selbst wenn diese Effekte zu einer Reduzierung der Transportnachfrage führen können, gibt es bisher wenige Szenarien, die von einer Trendumkehr im Sinne einer Dämpfung der Verkehrsnachfrage ausgehen (SRU 2012, S. 229). An einer wirklichen Trendwende kann auch gezweifelt werden, wurden die aufgezeigten

Argumente doch auch schon in der Vergangenheit genannt, ohne dass anvisierte Veränderungen bisher auch wirklich im nennenswerten Umfang eintraten.

Auch wenn es zu einer veränderten Güterallokation und Wirtschaftsstruktur kommt, wird es weiterhin einen großen Bedarf an Raumüberwindung und damit Verkehr geben. Dieser resultiert immer dann, wenn Produktion und Weiterverarbeitung oder Konsum an ungleichen Orten erfolgen. Aufgrund der zunehmenden Konzentration der Unternehmen auf ihre Kernkompetenzen ist davon auszugehen, dass die nationale und internationale Arbeitsteilung auch in Zukunft eine weiterhin sehr hohe Bedeutung haben wird. Um ihre Wettbewerbsfähigkeit zu steigern, werden die (spezialisierten) Unternehmen bei ihrer Wertschöpfung gleichzeitig die Realisierung von Skaleneffekten anstreben, wozu in vielen Fällen die nationalen Märkte nicht mehr ausreichen werden, sodass es zunehmend zu einer weltweiten Vermarktung kommt, zumal sich in Zukunft der Hauptteil der Konsumenten in den heutigen Schwellenländern befinden wird.

Ausgehend von der These, dass die Verkehrsnachfrage in Zukunft nicht wesentlich geringer, vielleicht sogar höher als heute ausfallen wird, muss ein wesentlicher Ansatz zur Vermeidung von Verkehr darin bestehen, eine möglichst hohe Bündelung von Transporten, d. h. der Transport mit gut ausgelasteten großen Fahrzeugen, zu erreichen. So benötigt z. B. ein Fernverkehrs-Lkw für den Transport von 25 t ca. 33 bis 35 L je 100 km, während ein „Sprinter" für 1,5 t Nutzlast fast zwölf Liter je 100 km braucht (Wittenbrink 2014, S. 84). Trifft man nun die nicht unrealistische Annahme, dass viele Schadstoffemissionen mit dem Energieverbrauch steigen, ist die Umweltbelastung des „Sprinters" fast sechs Mal so hoch wie beim Fernverkehrs-Lkw.[2]

Da schon bei den heutigen Logistikstrukturen das Ziel einer hohen Bündelung besteht, wird eine weitere nachhaltige Steigerung der Bündelung nur dann gelingen, wenn sich auch die Logistikstrukturen ändern.

3.2.3 Logistische Steuerungsprinzipien

Zentral ist dabei, welches logistische Steuerungssystem vorherrscht – das Push- oder das Pull-Prinzip. Beim *Push-Prinzip* (Schiebe-Prinzip) werden die Güter ohne konkrete Nachfrage auf dem Markt zur Verfügung gestellt. Somit löst der Hersteller die Aktivitäten für das Anlaufen der Logistikkette aus. Hierbei handelt

---

[2] Der Faktor „6" ergibt sich dadurch, dass beim Fernverkehrs-Lkw mit 34 Litern und 25 t 1,36 L je 100 km resultieren, während der Wert beim „Sprinter" mit 8 L je t (12/1,5) 1,36 beträgt. Der Quotient aus 8/1,36 ergibt den Wert 6.

es sich um die traditionelle Strategie zur Warenversorgung, wobei sich durch große Produktionslose und hoch ausgelastete Transporteinheiten Bündelungs- und damit auch Ökologie- und Kostenvorteile realisieren lassen. Nachteilig bei diesem System sind hohe Bestandskosten und Absatzrisiken. Daher kommt dieses Prinzip insbesondere bei eher geringwertigen Waren und Aktionsgeschäften zum Tragen (Heiserich und Helbig 2011, S. 35 f.; Gleißner und Femerling 2008, S. 26).

Dem gegenüber steht das heute vorherrschende *Pull-Prinzip* (Zieh-Prinzip), das dadurch charakterisiert ist, dass der Start der Logistikkette von ihrem Ende, sprich vom Endabnehmer ausgeht. Die Produktion bzw. Nachschubbelieferung erfolgt erst dann, wenn der genaue Bedarf feststeht. Dieses Prinzip wurde anfangs vorrangig bei hochwertigen Investitionsgütern, wird inzwischen aber zunehmend auch bei Konsum- und Niedrigpreisgütern angewendet (Gleißner und Femerling 2008, S. 26). Vorteile ergeben sich beim Pull-Prinzip insbesondere durch die signifikante Reduzierung der Bestandskosten sowie ein reduziertes Absatzrisiko. Dem stehen jedoch längere Lieferzeiten und höhere Kosten aufgrund reduzierter Sendungsgrößen gegenüber. Voraussetzung für die Anwendung der Pull-Strategie sind geringe Transportzeiten, schnelle Informationsweiterleitung und eine sehr hohe Produktions- und Logistikflexibilität (Heiserich und Helbig 2011, S. 35 f.).

Bei der Bündelung wird zwischen räumlicher und zeitlicher Bündelung unterschieden. Während bei der räumlichen Bündelung aktuelle Aufträge räumlich benachbarter Warenempfänger zusammengefasst werden, erfolgt bei der zeitlichen Bündelung eine zeitliche Zusammenfassung von Sendungen, z. B. von verschiedenen Wochentagen zu einer Lieferung. Die verschiedenen Bündelungsoptionen hat Bretzke anschaulich dargestellt (Bretzke 2014, S. 352 ff.; Abb. 3.2).

• Die schwächste Form der Bündelung stellt der „One-Piece-Flow" im linken unteren Quadranten von Abb. 3.2 dar, bei dem es dem Pull-Prinzip folgend nur im geringen Umfang zu einer Bündelung kommt, da die sofortige Lieferung im Vordergrund steht, z. B. über Zentrallagerkonzepte.
• Alternativ dazu kommt es bei der Bestellmengenoptimierung (oben links) zu einer zeitlichen Bündelung, indem Bestellungen, ggf. zulasten der Lieferzeit, zusammengefasst werden. Hier steht das Push-Prinzip im Vordergrund.
• Demgegenüber bleibt bei der Situation unten rechts das Pull-Prinzip erhalten, man folgt also dem Nachfragesog. Hier erfolgt eine räumliche Bündelung aktueller Sendungen über Transshipmentpoints oder Cross-Docking-Lager.
• Die höchste Form der Aggregation von Bedarfen wird dann erreicht, wenn sowohl eine räumliche als auch eine zeitliche Bündelung stattfindet. Dieser Fall ist im oberen rechten Quadranten von Abb. 3.2 beschrieben, was z. B. mithilfe zweistufiger Distributionssysteme gelingen kann, indem z. B. Regionallager

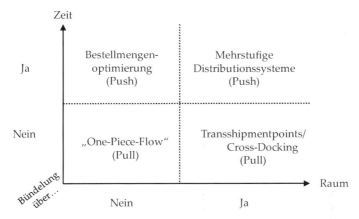

Abb. 3.2 Formen der Bündelung. (Quelle: In Anlehnung an Bretzke 2014, S. 353)

genutzt werden, zu denen gebündelte Transporte möglich sind, und gleichzeitig eine unter Bündelungsgesichtspunkten optimierte Transportfrequenz gewählt wird. Da diese Aggregationsform mit Lieferzeitnachteilen und höheren Sicherheitsbeständen verbunden sein kann, ist dieser Ansatz nicht für alle Unternehmen und Güter geeignet. Da er jedoch sowohl unter Transportkostengesichtspunkten als auch aus ökologischen Gründen viele Vorteile bietet, sollte er im Rahmen des betriebsinternen Umweltmanagements nicht fehlen.

3.2.4 Notwendiger Paradigmenwechsel

Insgesamt zeigt sich, dass eine nachhaltige Vermeidung von Verkehr nur dann möglich ist, wenn es zu einem Paradigmenwechsel in Bezug auf die heutige Logistikorganisation kommt. Ohne an dieser Stelle auf die vielfältigen Implikationen dieses Paradigmenwechsels eingehen zu können, sei an dieser Stelle auf die wegweisenden Analysen von Bretzke hingewiesen, der im Sinne einer „nachhaltigen Logistik" u. a. folgende Ansätze zur Prüfung vorschlägt (Bretzke 2014, S. 279 ff. und insbesondere S. 523 ff.):

- Stärkung des Push-Prinzips zulasten des Pull-Prinzips, um eine höhere Transportbündelung zu erreichen.
- Prüfung der Übernahme der Beschaffungslogistik, mit dem Ziel, eine bessere empfangsbezogene Bündelung zu erzielen.
- Wiedereinführung dezentraler Netzstrukturen mit mehrstufigen Distributionssystemen, um eine bessere Bündelung im Hauptlauf zu erreichen.

- Paradigmenwechsel in dem Sinne, dass Transportkapazitäten nicht als vernachlässigbare Restgröße, sondern als wertvolle Engpasskapazität gesehen werden.
- Renaissance der Lagerhaltung, verbunden mit der Wiederentdeckung des Nutzens von Beständen und Puffern als wertschöpfende Gestaltungsvariable.
- Überprüfung heutiger Servicevorgaben mitsamt einer Entschleunigung der Prozesse, um über eine größere (Lieferzeit-)Flexibilität eine höhere Bündelung zu erreichen.
- Unternehmensübergreifende Kooperationen zur Bündelung über Frachtbörsen, horizontale Verlader- bzw. Speditionskooperationen oder vertikale Kooperationen zur Abstimmung logistischer Prozesse zwischen Unternehmen auf unterschiedlichen Stufen der Wertschöpfungskette.
- Reduktion der Komplexität logistischer Prozesse zugunsten einer Vereinfachung der Prozesse, um eine „Wiedergewinnung der Planbarkeit" und damit eine bessere Steuerung von Transportströmen zu erreichen.

Da die Logistik in ihrer Servicefunktion heute einen immer bedeutenderen Anteil am gesamten Nutzen des verkauften Gutes hat, besteht bei einer Überprüfung heutiger Logistikprozesse natürlich immer auch die Gefahr, im Wettbewerb Kunden durch eine Reduzierung von „marktgegebenen Servicelevels" zu verlieren. Daher kommt im Zuge einer nachhaltigen Logistik der Kundenkommunikation eine entscheidende Rolle zu.

So ist z. B. anzunehmen, dass viele der heutigen „marktgegebenen" Servicelevel, wie z. B. der 24-Stunden-Service beim Stückgutverkehr, in nicht wenigen Fällen weniger eine Folge tatsächlicher Logistikbedarfe als eine komfortable Lösung unzureichender Planung sind. Unzulänglichkeiten bei der Auftragsabwicklung und Planung werden am Ende der Prozesskette nicht selten durch eine Beschleunigung (und geringere Bündelung) des Transports kompensiert. Dass diese Folge unzureichender Planung jedoch zu erheblichen ökonomischen und ökologischen Nachteilen führen kann, ist vielen Kunden nicht bewusst.

Daher ist es von entscheidender Bedeutung, mit der Kundenkommunikation hier anzusetzen und die ökologischen Vorteile alternativer Formen der Transport- und Logistikorganisation hervorzuheben. Denn für den Kunden muss ein Vorteil sichtbar sein. Wird jedoch der Servicelevel reduziert, um Kosten für den Lieferanten oder Dienstleister zu sparen, wird dies kaum auf Akzeptanz stoßen, es sei denn, die Preise sinken. Wie aber Erfahrungen des Autors mit entsprechenden Nachhaltigkeitsprojekten zeigen, ist die Akzeptanz der Kunden für die notwendigen Veränderungen dann weitaus größer, wenn insbesondere auch der ökologische Vorteil alternativer Logistikprozesse hervorgehoben wird. Kunden sind zwar in den seltensten Fällen bereit, für mehr Umweltschutz mehr zu zahlen, die Veränderungsbereitschaft im Hinblick auf die Logistikstrukturen steigt jedoch. Insofern kann das

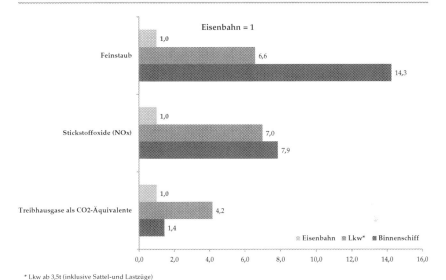

Eisenbahn = 1

Feinstaub
1,0
6,6
14,3

Stickstoffoxide (NOx)
1,0
7,0
7,9

Treibhausgase als CO2-Äquivalente
1,0
4,2
1,4

Eisenbahn   Lkw*   Binnenschiff

0,0   2,0   4,0   6,0   8,0   10,0   12,0   14,0   16,0

* Lkw ab 3,5t (inklusive Sattel-und Lastzüge)

Abb. 3.3 Verhältnis der spezifischen Emissionen der Verkehrsträger in Gramm pro Tonnen-kilometer (g/tkm) im Vergleich zur Eisenbahn

Thema „Green Logistics" zum entscheidenden Hebel werden, auch aus Kosten-gründen notwendige Anpassungen bestehender Logistikstrukturen vorzunehmen.

3.3   Verlagern

Sind die Möglichkeiten der Verkehrsvermeidung ausgeschöpft, besteht ein zweiter Ansatzpunkt zur Emissionsreduktion im Nutzfahrzeugbereich in der Verlagerung, d. h. der Verlagerung auf umweltfreundliche Verkehrsträger wie Bahn und Bin-nenschiff. Trotz der sehr eindrucksvollen Senkung der spezifischen Emissionen in den letzten Jahren beim Straßengüterverkehr zeigt der Vergleich mit den entspre-chenden Werten von Bahn und Binnenschiff, dass diese noch erheblich weniger emittieren (Tab. 3.1 und Abb. 3.3).

3.3.1   Modal Split

Nach wie vor wird der Hauptteil der Transportleistung, d. h. mehr als 70 %, vom Straßengüterverkehr erbracht (Abb. 3.4). Zwar konnte der Schienengüterver-kehr den eigenen Anteil (Modal Split) im Jahr 2011 von 17,1 % auf 17,4 % leicht

Tab. 3.1 Spezifische Emissionen der Verkehrsträger in Gramm pro Tonnenkilometer (g/tkm). (Quelle: Umweltbundesamt 2012, S. 14)

	Treibhausgase als CO_2-Äquivalente	Stickstoffoxide (NO_x)	Feinstaub
Lkw[a]	97,5	0,49	0,0079
Eisenbahn	23,4	0,07	0,0012
Binnenschiff	33,4	0,55	0,0171
Flugzeug[b]	1.539,60	3,46	0,0412

Treibhausgase beinhalten hier: CO_2, CH_4, N_2O
[a] Lkw ab 3,5 t (inkl. Sattel- und Lastzüge)
[b] bei CO_2: unter Berücksichtigung aller klimawirksamen Effekte des Luftverkehrs

erhöhen. Aber bereits im Jahr 2012 ist dieser Anteil wieder leicht gesunken (Intraplan Consult, Ratzenberger 2014, S. 40). Auch wenn für die Zukunft wieder mit etwas höheren Schienenanteilen gerechnet wird, wird die dominante Rolle des Straßengüterverkehrs auch in Zukunft bestehen bleiben, was nicht zuletzt eine Folge der logistischen Vorteile dieses Verkehrsträgers (Schnelligkeit, Flexibilität, Netzbildungsfähigkeit ...) ist. Eine andere Entwicklung zeigt sich jedoch beim Kombinierten Verkehr, für den in den meisten Jahren überproportional hohe Wachstumsraten gesehen werden.

Im Folgenden wird am Beispiel des Schienengüterverkehrs dargestellt, welche Möglichkeiten, aber auch welche Grenzen bei der Verlagerung bestehen. Hierzu ist es zunächst notwendig, einige wesentliche Begriffe im Schienengüterverkehr abzuleiten.

3.3.2   Produktgruppen im Schienengüterverkehr

Im Schienengüterverkehr wird zwischen dem *Konventionellen Verkehr* und dem *Kombinierten Verkehr (KV)* unterschieden (Abb. 3.5). Vom konventionellen Verkehr wird gesprochen, wenn die Ladung direkt in den Güterwagen geladen, gegossen oder geschüttet wird. Dieser konventionelle Verkehr wird dann wiederum in den Ganzzugverkehr und den Wagenladungsverkehr (WLV) unterschieden.

Während beim WLV, der aus *Einzelwagen* und *Wagengruppen* besteht, die Wagen in einem Knotenpunktsystem und über einen oder mehrere Rangierbahnhöfe gebündelt und anschließend wieder verteilt werden, erfolgt beim Ganzzugverkehr ein direkter Transport der Sendungen vom Versender zum Empfänger. Beim Konventionellen Verkehr steht für die verschiedenen Güter eine Vielzahl von Bahnwagen unterschiedlicher Bauart zur Verfügung (Flachwagen, gedeckte Wagen,

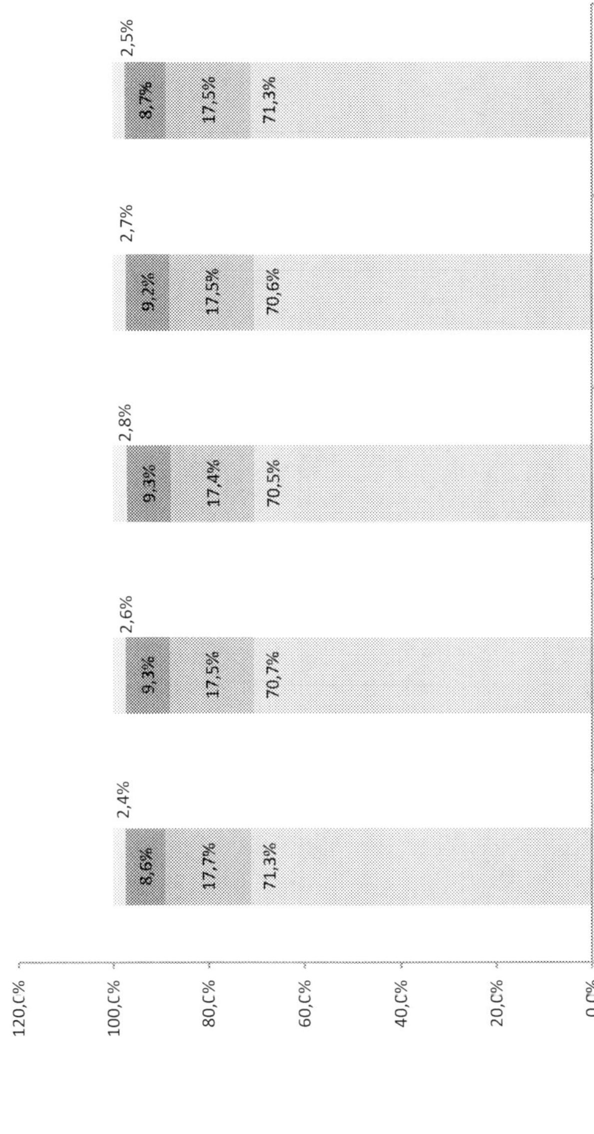

	2011	2012	2013	2014	2017
Rohrleitungen	2,4%	2,6%	2,8%	2,7%	2,5%
Binnenschifffahrt	8,6%	9,3%	9,3%	9,2%	8,7%
Eisenbahnverkehr	17,7%	17,5%	17,4%	17,5%	17,5%
Straßenverkehr	71,3%	70,7%	70,5%	70,6%	71,3%

Abb. 3.4 Modal Split der Transportleistung der Landverkehrsträger. (Quelle: Eigene Darstellung nach Intraplan und Ratzenberger 2014. S. 40)

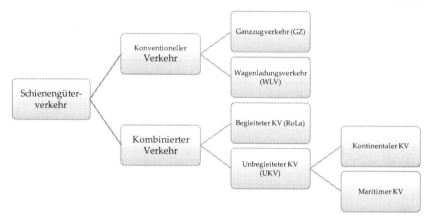

Abb. 3.5 Produktgruppen im Schienengüterverkehr

Kesselwagen, weitere Spezialwagen). Diese stellt entweder das Schienengüter-verkehrsunternehmen zur Verfügung oder aber der Kunde hat eigene Wagen in seinem Besitz, entweder als Wagenhalter oder als Mieter eines Wagens von einer Vermietungsgesellschaft.[3]

Im Unterschied dazu wird beim *Kombinierten Verkehr (KV)* nicht die Ladung, sondern die Ladeeinheit, z. B. Container, Wechselbrücken oder Sattelauflieger, zwischen den Verkehrsträgern umgeschlagen. In der Regel wird die Transport-kette im Kombinierten Verkehr mit einem Straßentransport begonnen und been-det. Der Kombinierte Ladungsverkehr lässt sich unterscheiden in den *Begleiteten Kombinierten Ladungsverkehr* (z. B. „Rollende Landstraße Rola"), bei dem der Lkw-Fahrer den Transport begleitet, sowie den *Unbegleiteten Kombinierten La-dungsverkehr (UKV)*. Auch Kombinierte Verkehre lassen sich theoretisch im Ein-zelwagenverkehr abwickeln. Dies kommt i. d. R jedoch nur sehr selten vor, z. B. bei Gleisanschlussverkehren mit Überseeverkehren.

Die hauptsächliche Produktionsform im KV sind Ganzzugverkehre oder auch Shuttle-Züge, die auf einer Relation im Rundlauf fahren. Schließlich ist beim KV noch zwischen dem *Kontinentalen* und dem *Maritimen KV* zu unterscheiden. Während es beim Kontinentalen KV um den Transport von vorwiegend Wechsel-brücken und Sattelanhängern zwischen Versand- und Empfangspunkten auf dem

---

[3] Zuweilen wird auch der konventionelle Verkehr mit dem WLV gleichgesetzt. Im Folgen-den wird jedoch der Einzelwagenverkehr als WLV bezeichnet. Zur Begriffsabgrenzung des konventionellen Verkehrs und des KV vgl. Eurailpress 2008, S. 269, Bruckmann 2006, S. 30 ff., Verband Deutscher Verkehrsunternehmen VDV 2008, S. 25, Hagenlocher et al. 2013, S. 16 ff., Adamek et al. 2012, S. 3.

„Kontinent", also ohne weiteren Hochseeverkehr, handelt, beschreibt der Maritime KV den Seehafenhinterlandverkehr mit Überseecontainern von und zu den Seehäfen wie zu den Nordhäfen (z. B. Hamburg, Bremerhaven) oder West- bzw. ARA-Häfen (Amsterdam, Rotterdam, Antwerpen).

Bei dem maritimen Verkehr besteht für den Kombinierten Verkehr der Vorteil, dass dieser in der Regel weniger zeitkritisch ist, ein Vor- bzw. Nachlauf weniger notwendig ist und im Vergleich zum Lkw im Seehafen auch kein weiterer Umschlag stattfinden muss.

Wichtig ist, dass bei allen Schienengüterverkehrsleistungen die kleinste kommerzielle Sendung der Waggon bzw. die Ladeeinheit ist. Beim Ganzzugverkehr ist dies der komplette Zug, beim WLV der einzelne Waggon oder eine Wagengruppe (Adamek et al. 2012, S. 6). Stückgutverkehre und Teilladungen werden nur dann von den Schienenverkehrsunternehmen befördert, wenn diese zu kompletten Sendungen, also Ladungsverkehren, bestehend aus kompletten Waggons oder Ladeeinheiten, gebündelt werden.

3.3.3 Trends mit Einfluss auf die Schienennutzung

Für den Schienengüterverkehr sind einige Güterverkehrstrends von zentraler Bedeutung. Ein wichtiger auf den Einzelwagenverkehr wirkender Trend ist der *Güterstruktureffekt*, der beschreibt, dass sich aufgrund einer Veränderung der gesamtwirtschaftlichen Produktionsstruktur der Anteil von hochwertigen Konsum- und Investitionsgütern zulasten der Grundstoff- und Massengüter verschiebt (Aberle 2009, S. 93). Damit verbunden ist auch der Trend zu kleineren Sendungsgrößen und höheren Wertdichten.[4]

Steigende Wertdichten führen durch die höhere Kapitalbindung auch zu einer höheren Eilbedürftigkeit der Transporte. Gleichzeitig steigen die Kosten der Lagerhaltung, wodurch tendenziell eine Reduzierung der Sendungsgrößen erfolgt. Dies führt jedoch auch tendenziell dazu, dass die Bündelung von Transportsendungen erschwert wird (Bretzke 2014, S. 336 ff.). In der Summe führen Effekte wie veränderte Güterstrukturen, höhere Wertdichten, kleinere Sendungsgrößen, höhere Eilbedürftigkeit und der Abbau von dezentralen Lagern zu einer geringeren Attraktivität des Schienengüterverkehrs, da dieser seine Stärken insbesondere bei volumen- und gewichtsträchtigen Gütern nutzen kann.

Es gibt aber auch Effekte, die positiv auf die Schiene wirken. Beispielsweise steigt deren Attraktivität durch die Internationalisierung, da die Schiene gerade

---

[4] Die Wertdichte wird beschrieben durch das Verhältnis von Warenwert zum Volumen, vgl. Bretzke 2014, S. 538.

Abb. 3.6 Gründe, die für die Schiene sprechen. (Quelle: Wittenbrink 2008, S. 37)

auf langen Distanzen ihre Vorteile ausspielen kann. Auch wirken die steigenden Personal- und Energiekosten positiv auf die Schiene, sind deren Anteile doch bei der Bahn geringer als beim Lkw (Wittenbrink, 2012b, S. 14ff.). Und schließlich gewinnt das Thema „Green Logistics" an Bedeutung, was zwar noch nicht dazu führt, dass Verlader bereit sind, mehr für die Schiene zu zahlen, der Druck auf Speditionen, auch Bahnlösungen anzubieten, steigt jedoch.

3.3.4 Gründe für und gegen die Schiene

Schienengüterverkehr insgesamt
Angesichts der aufgezeigten Entwicklungen stellt sich die Frage, wie sich die Schiene aus Sicht der Verlader darstellt. So wurden bei einer Umfrage des Autors mit dem BME „CO_2 und Modal Split" bei Verladern in Deutschland im Jahr 2007 die Unternehmen zunächst danach gefragt, was aus ihrer Sicht die Gründe für die Nutzung der Schiene sind (Abb. 3.6; Wittenbrink 2008, S. 35 ff.).

Demnach wird von den meisten Befragten der *ökologische Vorteil* des Schienengüterverkehrs als Grund genannt, die Schiene zu nutzen. Hierbei ist jedoch zu berücksichtigen, dass bei der Befragung Mehrfachnennungen möglich waren, so-dass es nicht verwundert, wenn knapp zwei Drittel der Befragten <u>auch</u> die ökologischen Vorteile des Schienengüterverkehrs als (weiteren) Grund sehen, die Schiene zu nutzen. Insofern kann die Umfrage aber nicht so interpretiert werden, dass es maßgeblich die Umweltvorteile der Schiene sind, welche die Verlader überzeugen, diese zu nutzen. Dies würde nämlich Umfrageergebnissen widersprechen, dass die Verlader zwar Umweltvorteile begrüßen, aber kaum bereit sind, dafür auch mehr zu bezahlen. Vielmehr sind es *auch* die Umweltvorteile, und hier kann die Schiene in der Tat punkten (Wittenbrink und Gburek 2009).

Ein zentraler Vorteil liegt bei der Schiene in der hohen ***Massenleistungsfähigkeit***, also der Fähigkeit, schwere und große Gütermengen zu transportieren. Der Vorteil resultiert zum einen aus der hohen Transportkapazität von kompletten Zügen. Zum anderen ist aber auch die im Vergleich zum Lkw hohe Nutzlast ein wesentlicher Vorteil. Während das Gesamtgewicht eines Lkw auf maximal vierzig Tonnen beschränkt ist, kann ein Waggon, entsprechende Streckenkategorie vorausgesetzt, z. B. in Deutschland ein Gewicht von bis zu 22,5 t je Achse haben, sodass bei vier Achsen mehr als achtzig Tonnen Gesamtgewicht möglich sind. So hat z. B. ein Drehgestellflachwagen mit sechs Achsen für Coiltransporte (Wagen Sahimms 900) eine Lastgrenze (also zulässiges Gesamtgewicht abzüglich des Eigengewichts) bei der in Deutschland vorherrschenden Streckenklasse D3/D4 von 71,5 t (DB Schenker Rail 2014).

Nach der BME-Umfrage sieht es knapp jeder dritte Befragte als Vorteil an, dass bei der Nutzung konventioneller Waggons viel ***Zeit für die Be- und Entladung*** besteht. So wird ein Waggon (bzw. die Waggon-Gruppe) i. d. R am Vormittag zugestellt, um dann am nächsten Tag oder später nach dem Be- bzw. Entladen wieder abgeholt zu werden. Insofern hat der Versender bzw. Empfänger vergleichsweise viel Zeit für die Be- und Entladung. Viele Unternehmen gehen auch dazu über, die Waggons gerade dann zu be- oder entladen, wenn tagsüber oder auch nachts freie Kapazitäten bestehen. Dieser Vorteil besteht bei der Rampenabfertigung von Lkw i. d. R nicht, es sei denn, hier werden Trailer bzw. Wechselbrücken getauscht. Diese Tauschmöglichkeiten bestehen jedoch auch beim Kombinierten Verkehr.

Auch sieht knapp ein Drittel der Befragten einen Vorteil des Schienengüterverkehrs darin, dass für den Schienengüterverkehr ***keine Fahrverbote*** am Wochenende etc. bestehen. Dieser Vorteil zeigt sich weniger bei der Be- und Entladung, weil dann auch die meisten Betriebe geschlossen haben. Vielmehr geht es um die internationalen Transporte, da hier der Sonntag als zusätzlicher Transporttag genutzt werden kann. Hinzu kommen die Vorteile in der Schweiz, in der ein Nachtfahrverbot für Lkw gilt.

Der Schiene wird auch eine ***gute Planbarkeit*** zugesprochen, was bei einem schienengebundenen System mit Fahrplänen ein systematischer Vorteil ist. Der Wert dieses Vorteils muss jedoch ein wenig relativiert werden.

Zum einen besteht in der Nacht bei Lkw-Verkehren nach wie vor eine hohe *Pünktlichkeit*. Die Herausforderungen durch zunehmenden Stau bestehen eher am Tage und in Ballungsgebieten. Hier kann dann die Schiene bei der planmäßigen und pünktlichen Anlieferung ihre Systemvorteile nutzen. Die Praxis zeigt jedoch, dass das oftmals nicht der Fall ist. Zudem gelten gerade internationale Einzelwagenverkehre als kaum planbar. Hier haben jedoch inzwischen einige Güterbahnen die Initiative X-Rail mit dem Ziel gegründet, die Pünktlichkeit und Planbarkeit wesentlich zu verbessern (www.xrail.eu).

Zum anderen sind Schienensysteme zwar besser planbar, im Störungsfall aber auch sehr viel anfälliger. Während bei einer Störung des Straßenverkehrssystems, z. B. durch eine unfallbedingte Sperrung einer Autobahn, durch die hohe Netzdichte eine Vielzahl von Umleitungsalternativen besteht, existieren derartige Umleitungen beim Schienensystem nur bedingt. Zwar gibt auf den Hauptstrecken eine Vielzahl von Überholgleisen. Kommt es jedoch zu einer größeren Störung, sei es durch unwetterbedingte Störungen, Personenunfälle oder Lokdefekte, bestehen in vielen Fällen kaum Umleitungsmöglichkeiten.

Fast jeder fünfte Befragte sieht beim Schienengüterverkehr ein *gutes Preis-Leistungs-Verhältnis*. Dies ist zwar kein überragend guter Wert, zeugt jedoch davon, dass sich für viele Kunden die Nutzung der Schiene lohnt und sich das frühere Image des Schienengüterverkehrs, sehr teuer zu sein, etwas relativiert hat.

Weiterhin sehen einige Unternehmen einen Vorteil der Schiene darin, die benötigte *Transportkapazität flexibel* anpassen zu können, sodass z. B. an einem Tag drei Waggons bestellt werden, während am nächsten Tag nur ein Waggon geordert wird. Natürlich bietet auch der Straßengüterverkehr diesen Vorteil. Hier führen wechselnde Kapazitätsanforderungen jedoch i. d. R zu höheren Preisen, während die Güterbahnen hier bisher kaum preisliche Anpassungen vornehmen. In vielen Analysen, die der Autor auch bei seinen früheren Tätigkeiten als Bereichsleiter bzw. Geschäftsführungsmitglied von Güterbahnen durchgeführt hat, zeigte sich immer wieder, dass diese Flexibilität von den Kunden heute als ein nicht zu unterschätzender Vorteil gesehen wird. Die Kehrseite der Medaille ist jedoch, dass dadurch das System Schiene sehr schwierig planbar ist, was bei einem sehr fixkostenintensiven Verkehrsträger zu erheblichen Herausforderungen führt. Insofern ist es auch nicht erstaunlich, dass es inzwischen von vielen Güterbahnen die Planung gibt, zur besseren Kapazitätsplanung stärker zu festen Buchungssystemen überzugehen und von den Kunden eine frühzeitigere Planung zu verlangen.

Neben den Gründen für die Schiene wurden die Verlader bei der Umfrage 2007 auch nach den Argumenten gefragt, die gegen die Nutzung der Schiene sprechen (Wittenbrink 2008, S. 25 ff.). Da die gleichen Fragen zwei Jahre später bei einer weiteren BME-Umfrage noch einmal gestellt wurden, ist auch ein interessanter Vergleich möglich (Abb. 3.7).

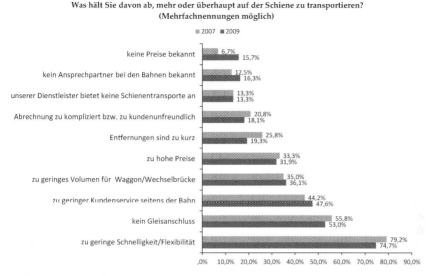

Abb. 3.7 Gründe, die gegen die Schiene sprechen. (Quelle: Wittenbrink und Gburek 2009, S. 3 ff.)

Als Hauptgrund, die Schiene nicht zu nutzen, wird die mangelnde *Schnelligkeit und Flexibilität* genannt. Hier hat der Schienengüterverkehr als schienengebundenes und auf eine intensive Planung ausgerichtetes System wesentliche Systemnachteile und kann bei Weitem nicht so flexibel, aber auch nicht so schnell wie der Straßengüterverkehr sein.

Zuweilen wird argumentiert, dass der Einzelwagenverkehr eine sehr geringe Durchschnittsgeschwindigkeit hat, was tatsächlich der Fall ist. Sind nämlich zur Bündelung der Einzelsendungen viele Rangiervorgänge nötig, kostet das im Vergleich zu einem Lkw, der direkt fährt, sehr viel Zeit. Nicht viel anders stellt sich die Situation jedoch beim vom Lkw dominierten Stückgutverkehr dar. Auch hier sind mindestens zwei Umschlagvorgänge in den Speditionsterminals notwendig, sodass bezogen auf die einzelne Palette auch hier die Durchschnittsgeschwindigkeit vergleichsweise gering ist. Anders sieht die Situation beim Ganzzugverkehr oder beim Kombinierten (Ganzzug-)Verkehr über weite Strecken aus. Hier ist die Geschwindigkeit in vielen Fällen wettbewerbsfähig, insbesondere dann, wenn auf langen Distanzen durch Lokführerwechsel keine Lenk- und Ruhezeiten eingehalten werden müssen.

Ein weiterer zentraler Grund gegen die Schienennutzung ist, dass viele Versender bzw. Empfänger über *keinen Gleisanschluss* verfügen. Der naheliegende Schluss wäre jetzt, mehr Gleisanschlüsse zu fordern. Hier setzen ja auch die einschlägigen Gleisanschlussförderprogramme an (VDV 2012, VDV 2014). In der Praxis lohnt sich der Bau und Unterhalt (!) eines Gleisanschlusses aber nur dann, wenn das Unternehmen auch über ein entsprechendes (zielreines) Aufkommen verfügt. Im Zuge des Güterstruktureffektes werden die Sendungen jedoch immer kleiner, sodass für viele Unternehmen das eigene *Sendungsvolumen zu gering* ist, um ganze Waggons bzw. Wechselbrücken für einzelne Relationen zu füllen. Hier sind die Logistikdienstleister gefragt: Ohne eine Bündelung der Sendungen auf bahngerechte Mengen und (Umschlag-)Orte fahren viele Sendungen schlichtweg an der Schiene vorbei.

Neben den Bahnen kommt auch Bahnspeditionen eine ganz neue Rolle zu, wobei hier weniger das Herstellen und Produzieren, sondern vielmehr das Bereitstellen und Organisieren im Vordergrund stehen. Dabei können sich ganz neue Formen der Zusammenarbeit zwischen Bahnen, Bahnspeditionen und Kunden ergeben. Wichtig ist hierbei die Sicherstellung eines einfachen und diskriminierungsfreien Zugangs zu Rangieranlagen und zur Nahbereichsbedienung. Ist dies erfüllt, besteht nach einer Studie der hwh Gesellschaft für Transport- und Unternehmensberatung mbH für das Schweizer Bundesamt für Verkehr die Chance, dass diese neuen Organisations- und Kooperationsmodelle in Verbindung mit einem Wettbewerb um die besten Lösungen zu ganz neuen Perspektiven für Einzelwagenverkehr führen (Wittenbrink et al. 2013, S. 24 ff.).

Dass nach den Umfragen ca. ein Drittel der Befragten die *Preise im Schienengüterverkehr* für zu hoch hält, zeigt nicht unbedingt gleich einen Handlungsbedarf auf, da dies ja anscheinend zwei Drittel der Befragten nicht als Ablehnungsgrund angeben. Zudem erweist es sich selten als gute Strategie, nicht über das gute Produkt, sondern mit einer Niedrigpreisstrategie zu versuchen, neue Kunden zu gewinnen.

Weit kritischer ist da schon die in der BME-Umfrage geäußerte Kritik am *Kundenservice*. Mehr als vierzig Prozent wünschen sich einen besseren Kundenservice vonseiten der Güterbahnen, was zu denken gibt. Hinzu kommt die Kritik an den zumindest bei vielen ehemaligen Staatsbahnen zu komplizierten und kundenunfreundlichen Abrechnungen. Bemängelt wird ebenfalls das Fehlen von Ansprechpartnern bei der Bahn. Dieser Umfrage-Wert ist zwar zwischen den Umfragen etwas zurückgegangen, aber immer noch viel zu hoch. Die Preis-Kommunikation der Bahn hat sich offensichtlich verbessert. Während 2007 noch 15,7 % keine genauen Bahn-Preise kannten, waren es zwei Jahre später nur noch 6,7 % (Abb. 3.7).

Kombinierter Verkehr

Während sich die vorgestellten Umfragen auf den Schienengüterverkehr insgesamt bezogen, hat der Bundesverband Materialwirtschaft, Einkauf und Logistik (BME) e. V. mit dem Autor dieses Buches im Jahr 2011 und 2014 eine Sonderumfrage zum

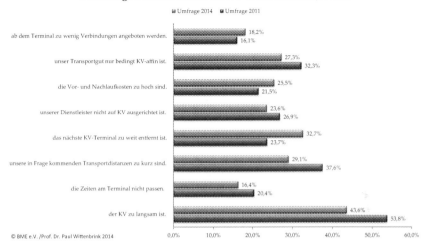

Abb. 3.8 Gründe, die aus Sicht der Verlader gegen eine Nutzung des KV sprechen (1). (Quelle: Wittenbrink und Gburek 2014)

Kombinierten Verkehr (KV) durchgeführt (Wittenbrink und Gburek 2011, 2014). Die Ergebnisse sind insgesamt mit den Umfrageergebnissen zum Schienengüterverkehr vergleichbar, zeigen aber auch Besonderheiten auf.

Gründe, die gegen die Nutzung des KV sprechen

In Bezug auf die Verlader, d. h. die Einkäufer aus Industrie und Handel, zeigt sich dabei folgendes Bild (vgl. Abb. 3.8 und 3.9): Mehr als vierzig Prozent der Verlader geben 2014 die mangelnde Geschwindigkeit des KV als Grund an, diesen nicht nutzen zu können. Interessant ist, dass dieser Wert vor drei Jahren noch bei über fünfzig Prozent lag, was auf eine leichte Verbesserung hindeutet. Dieser Hinderungsgrund scheint noch wichtiger zu sein, als die zu geringen Distanzen oder auch die mangelnde KV-Affinität des Transportgutes, die von ca. einem Drittel der Verlader als Hinderungsgrund angegeben werden. Insofern müssen sich Bahnen und Operateure hier die Frage stellen, wie sie es schaffen, die KV-Systeme insgesamt zu beschleunigen. Hier kommen aber auch die systembedingten Grenzen des KV zum Tragen. Da immer Vor- bzw. Nachläufe zum Terminal sowie die notwendigen Zeiten für die Umschläge und die Zugbereitstellung notwendig sind, kann der KV systembedingt eigentlich nur auf längeren Distanzen seine Vorteile ausspielen.

Es zählt aber nicht nur die Geschwindigkeit, auch der *Service* muss stimmen. Und hier bemängeln fast vierzig Prozent der Verlader (38,2 %) den Service bei den

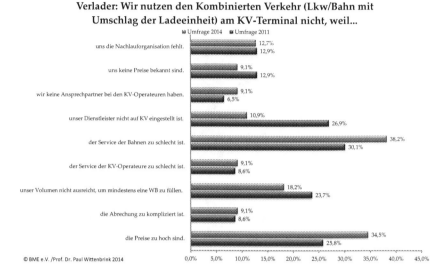

Abb. 3.9 Gründe, die aus Sicht der Verlader gegen eine Nutzung des KV sprechen (2).
(Quelle: Wittenbrink und Gburek 2014)

Bahnen als schlecht. Zu bedenken gibt, dass dieser Wert im Vergleich zur Umfrage 2011 (30,1 %) noch einmal erheblich gestiegen ist, während sich bei der Bewertung der Operateure kaum eine Änderung ergeben hat. Auch wenn die Werte nicht direkt vergleichbar sind, da nicht sichergestellt ist, dass vergleichbare Unternehmen geantwortet haben, deuten die Ergebnisse doch auf eine wesentliche Verschlechterung hin. Weiterhin wird auch der *Preis* als Hinderungsgrund gesehen. Sahen im Jahr 2011 nur knapp ein Viertel den Preis als Hinderungsgrund an, sind dies heute schon fast ein Drittel. Da es auf Seiten der KV-Operateure in den letzten Jahren keine überproportionalen Preiserhöhungen gab, mag der Grund für die Einschätzung auch an Preissenkungen auf Seiten des Lkw oder daran liegen. Zudem kann es sein, dass sich einige die Verlader verstärkt mit dem Thema Verlagerung beschäftigt haben und von den Gesamtkosten für den KV inkl. der hohen Systemkosten für den Vor- und Nachlauf abgeschreckt wurden. Während die reinen Hauptlaufkosten oftmals durchaus wettbewerbsfähig sind, führen die Kosten für den Vor- und Nachlauf, die je nach Entfernung zum Terminal schnell 300–500 € betragen können, nicht selten zum Scheitern.

Haben im Jahr 2011 noch fast ein Drittel der Verlader bemängelt, dass der eigene Transport- und Logistikdienstleister zu wenig auf den KV ausgerichtet ist, zeigt die Umfrage 2014 eine erhebliche Verbesserung, nennen doch nur noch knapp

Abb. 3.10 Gründe, die aus Sicht der Verlader für die Nutzung des KV sprechen. (Quelle: Wittenbrink und Gburek 2014)

zehn Prozent der Verlader dies als Hinderungsgrund. Hier scheinen die Dienstleister erheblich aufgeholt und Know-how aufgebaut zu haben.

Weitere Gründe, die aus Sicht der Verlader gegen den Einsatz des Kombinierten Verkehrs sprechen, sind lange Wege zu den Terminals, entsprechend hohe Vor- und Nachlaufkosten, eine fehlende Nachlauforganisation oder unpassende Verbindungen. Wird aber die Anzahl der Terminals erhöht, um die Entfernung zum Terminal zu reduzieren, wird es gleichzeitig schwerer, für jedes Terminal interessante Verbindungen zu bieten. Insofern ist hier eine konzertierte Planung notwendig.

Ein nicht zu unterschätzender Hinderungsgrund ist auch, dass viele Verlader nicht das zielreine Volumen von mindestens einer WB haben, um den KV zu nutzen. Hier sind Transport- und Logistikdienstleister gefragt, die diese Sendungen zu KV-Sendungen bündeln.

Gründe, die für die Nutzung des KV sprechen
Da trotz vieler Hinderungsgründe der Kombinierte Verkehr eine interessante Alternative mit hohen Wachstumsraten ist, wurden die Unternehmen auch nach den Gründen gefragt, die aus Ihrer Sicht für die Nutzung des KV sprechen (vgl. Abb. 3.10). Dabei geben knapp achtzig Prozent der Befragten an, dass für sie der KV eine *preisgünstige Alternative* darstellt. Dies scheint auf den ersten Blick in

einem gewissen Widerspruch zu den oben genannten Nachteilen des KV wie hohe Vor- und Nachlaufkosten etc. zu stehen. Die Erfahrung zeigt, dass die Unternehmen, die sich auf den KV ausgerichtet haben und bei deren Verkehren die sonstigen Rahmenbedingungen wie lange Distanzen, zumeist internationale Verkehre, weitgehende Paarigkeit der Transporte und ein hohes Ladevolumen stimmen, Wettbewerbsvorteile mit dem KV realisieren können.

Einen zentralen Vorteil spielt der KV beim Transport schwerer Güter aus, weil hier auch im Vor- und Nachlauf zum Terminal *44 t Gesamtgewicht* ausgeschöpft werden können. Für vergleichbar viele Unternehmen ist die gute Planbarkeit und Zuverlässigkeit des KV ein weiterer Grund, diesen zu nutzen. Die Ausnahme vom Sonntagsfahrverbot sowie die Vorteile bei der Kfz-Steuer spielen nur eine untergeordnete Rolle.

Einige Verlader und Dienstleister sind mit ihrer Logistikorganisation auf die Nutzung von Wechselbrücken, Containern oder Sattelanhängern ausgerichtet, sodass der KV eine interessante Alternative ist. Hier können auch einige Dienstleister ihre Vorteile ausspielen: Fast zwei Drittel der Dienstleister, die den KV nutzen, geben an, dass der KV es ermöglicht, mit *wenigen Fahrzeugen und Fahrern ein großes Ladungsvolumen* zu bewegen. Gleichzeitig spricht fast die Hälfte dieser Dienstleister davon, durch eine gute Vor- und Nachlauforganisation die Systemkosten des KV reduzieren zu können.

Für viele Unternehmen ist der KV auch gerade im Seehafenhinterlandverkehr[5] attraktiv, zumal hier viele Vorteile zusammenkommen:

- Zumeist längere Distanzen,
- vergleichsweise hohe Sendungsgewichte,
- i. d. R weniger zeitkritische Transporte,
- im Hafen kaum anfallende Vor- bzw. Nachlaufkosten und
- der Vorteil, dass im Vergleich zum Lkw nur im Hafenhinterland ein zusätzlicher Umschlag notwendig ist.

Als zentraler Grund für den KV wird auch die *Umweltfreundlichkeit* angegeben. Dies sollte jedoch nicht überbewertet werden. Bei der Umfrage waren Mehrfachnennungen möglich, so dass viele Unternehmen (auch) die Umweltfreundlichkeit als Grund für den KV angegeben haben. Gleichzeitig zeigen aber fast alle Untersuchungen zu dem Thema, dass die Kunden kaum bereit sind, für die Umweltfreund-

---

[5] Bei der Interpretation der Daten ist zu berücksichtigen, dass die Beurteilung des KV-Einsatzes im Seehafenhinterlandverkehr nicht für alle Unternehmen möglich ist, da nur ein Teil von ihnen den sogenannten maritimen kombinierten Verkehr nutzt.

lichkeit mehr zu zahlen. Bei einem vergleichbaren Preis-Leistungs-Verhältnis kann die Umweltfreundlichkeit jedoch zum entscheidenden Faktor werden, ihre KV-Ak-tivitäten auszubauen. Das lässt darauf schließen, dass der KV trotz aller Heraus-forderungen noch eine große Zukunft hat.

Zum Abschluss der Umfrage wurden die Unternehmen gefragt, wie ihre zu-künftigen Aktivitäten im KV aussehen. Dabei geben 59% der Verlader an, dass sie ihre Aktivitäten im KV in Zukunft ausbauen werden. Die restlichen 41% planen, die Aktivitäten konstant zu halten. Darüber hinaus gehen nach der Umfrage 58% der Befragten von einer zunehmenden Bedeutung des KV im Modal-Split aus. Dies stellt gegenüber der Umfrage 2011 eine wesentlich positivere Einschätzung dar, gingen damals doch nur 36% der Unternehmen von einem steigenden Schie-nenanteil aus. Insofern sind die Erwartungen an den KV hoch, jetzt geht es darum, diese Erwartungen auch in die Realität umzusetzen.

Insgesamt zeigt sich, dass der Schienengüterverkehr durchaus eine Vielzahl von logistischen Vorteilen hat, die Potenziale aber beschränkt sind. Liegt der Modal Split des Schienengüterverkehrs heute bei ca. 17%, so wird es in Zukunft kaum möglich sein, über einen Anteil von 20 bis 25% hinauszukommen. Die größten Potenziale werden dabei beim Kombinierten Verkehr (KV) gesehen, der jedoch aufgrund der hohen Systemkosten für die Umschläge und die Vor- und Nachläufe erst ab einer Distanz von 400 bis 500 km, im Seehafenhinterlandverkehr ab etwa 300 bis 400 km wirtschaftlich eingesetzt werden kann.

3.3.5 Notwendige Veränderungen auf Seiten der Bahnanbieter

Insgesamt zeigt sich, dass der Schienengüterverkehr durchaus eine Vielzahl von logistischen Vorteilen hat, die Potenziale aber beschränkt sind. Liegt der Modal Split des Schienengüterverkehrs heute bei ca. 17%, so wird es in Zukunft kaum möglich sein, über einen Anteil von 20 bis 25% hinauszukommen. Die größten Potenziale werden dabei beim Kombinierten Verkehr (KV) gesehen, der jedoch aufgrund der hohen Systemkosten für die Umschläge und die Vor- und Nachläufe erst ab einer Distanz von 400 bis 500 km, im Seehafenhinterlandverkehr ab etwa 300 bis 400 km wirtschaftlich eingesetzt werden kann.

Aber auch die Bahnen sind gefragt. Gerade bei ehemaligen Staatsbahnen be-stehen mögliche Ansätze z. B. darin, (Wittenbrink 2013b, S. 16, 2007, S. 512 ff.)

- die Fertigungstiefe zu reduzieren, um flexibler auf Konjunkturschwankungen reagieren zu können,[6]
- die nach wie vor starke Produktionsorientierung zugunsten einer stärkeren Marktorientierung zu reduzieren,
- die bei vielen Güterbahnen vorherrschende Marktbereichsorganisation zugunsten einer stärkeren Korridor- und Regionsorganisation zu entwickeln, um dadurch wieder einen stärkeren Fokus auf die Auslastung der Züge zu erhalten, und
- eine eher dezentrale Organisationsstruktur mit kleineren und klar voneinander abgegrenzten Geschäftseinheiten zu schaffen, um die Komplexität und damit die Overheadkosten zu reduzieren und die Flexibilität zu erhöhen.

Eine zentrale Rolle zur stärkeren Verlagerung auf die Schiene wird auch bei den Speditionen liegen. Hier sind zum einen Bahnspeditionen gefragt, die verbunden mit neuen Organisationsformen im Einzelwagenverkehr immer mehr die Rolle eines WLV-Operateurs wahrnehmen können, indem sie feste Zugkapazitäten kaufen und diese dann an Kunden vermarkten (Wittenbrink 2012d, S. 8 f.). Zum anderen ist aber auch die klassische Spedition gefragt, die zunehmend kleineren Sendungsgrößen in Form von Stückgutsendungen oder Teilpartien zu kompletten Sendungen zu bündeln und auf die Schiene zu verlagern. Ohne eine enge Kooperation mit Speditionen wird die Verlagerung nicht gelingen.

3.3.6 Räumliche und zeitliche Bündelung als weiterer Erfolgsfaktor für die Schiene

Ein weiterer Aspekt betrifft auch die Anforderungen an den Transport. Je größer die zeitliche und räumliche Bündelung von Transporten, desto größer ist die durchschnittliche Sendungsgröße und damit auch die Chance, komplette Ladungsverkehre auf der Schiene zu organisieren.

---

[6] Schienengüterverkehrsunternehmen haben häufig eine sehr hohe Fertigungstiefe, d. h., es wird ein Großteil der Wertschöpfung selbst verbraucht und es werden i. d. R. kaum Schienenleistungen fremd vergeben. Kommt es dann zu Nachfrageeinbrüchen, können die Kapazitäten kaum über den Markt angepasst werden und es resultieren eigene Überkapazitäten. Insofern erstaunt es auch nicht, dass gerade der Schienengüterverkehr bei Mengenschwankungen und Konjunktureinbrüchen besonders betroffen ist.

- Die räumliche Bündelung betrifft insbesondere die Frage, ob die Verlader eher Zentrallager mit Distribution eher kleinerer Sendungen oder Regionallager mit gebündelten Transporten zu den Lagern nutzen. Zudem ist es neben der Bündelungsfähigkeit des Transport- und Logistikdienstleisters von großer Bedeutung, ob das Logistiksystem nach dem Pull- oder Push-System organisiert ist. Während beim Pull-System die Nachfrage die Transporte steuert und somit eher kleine Sendungsgrößen resultieren, stehen beim Push-Prinzip das Angebot und die Möglichkeiten der Bündelung von Transportströmen im Vordergrund, was die Chance für die Schiene wesentlich erhöht.
- Die zeitliche Bündelung ist im Wesentlichen von der notwendigen Schnelligkeit der Transporte abhängig. Erfolgt z. B. bei allen Sendungen eine tägliche Lieferung, sind die Sendungsgrößen vergleichsweise gering. Ist es hingegen möglich, die einzelnen (weniger zeitkritischen) Sendungen auf wenige Tage in der Woche (z. B. für bestimmte Relationen) zu konsolidieren bzw. eine höhere Flexibilität bei der Zustellung der Sendungen zu haben, sind ganz andere Bündelungsmöglichkeiten und somit Sendungsgrößen möglich.

Hinzu kommt ein weiterer Aspekt. Für die an Bedeutung immer weiter zunehmenden Stückgutverkehre spielt der Kombinierte Verkehr heute faktisch keine Rolle, zumindest bei nationalen Transporten. Ein Hauptgrund liegt darin, dass Stückgutspeditionsterminals heute so organisiert sind, dass die letzten Sendungen erst am späten Abend gegen 21.00 Uhr und später das Speditionsterminal verlassen, während die ersten Fahrzeuge schon wieder am frühen Morgen zwischen 3.00 Uhr und 4.00 Uhr im Empfangsterminal ankommen müssen, um noch alle Nahverkehrsfahrzeuge des Tages zu erreichen. Da der KV jedoch noch zusätzlich jeweils ca. eine Stunde für den Transport vom Speditionsterminal zum KV-Umschlagbahnhof benötigt, ist die verbleibende Zeit zu kurz, um die notwendigen Distanzen zu überwinden. Gleichzeitig sind lange Distanzen jedoch ein wesentlicher Erfolgsfaktor für den Einsatz des Kombinierten Verkehrs, weil sich dann die hohen Systemkosten auf mehr Kilometer „verteilen". Daher besteht hier ein Zielkonflikt, da einerseits die möglichen Zeitfenster nur vergleichsweise kurze Distanzen zulassen, während andererseits gerade lange Distanzen für die Wirtschaftlichkeit benötigt werden.

Insofern kommt der Stückgutverkehr im wahrsten Sinne des Wortes erst dann zum Zuge, wenn der Transport nicht wie üblich innerhalb von 24 h, sondern bis maximal 48 h erfolgt. In diesem Fall gäbe es die Möglichkeit, anstatt Tag A/Tag B-Verbindungen Tag A/Tag C-Verbindungen anzubieten und den zweiten Tag, also Tag B, für den Hauptlauf auf der Schiene zu nutzen. Ob derartige Modelle wirklich tragfähig sind, muss im Detail geprüft werden. Entscheidend ist jedoch, dass die Verlader für die zeitlich nicht so dringenden Transporte längere Laufzeiten akzeptieren. Insofern ist ein wesentlicher Hebel zu mehr Schienengüterverkehr auch eine gewisse Entschleunigung der Transporte. Nach der DHBW/BME-Umfrage zum KV (Wittenbrink und Gburek 2011) geben ja fast drei Viertel der Transport- und Logistikdienstleister an, dass sie den KV stärker nutzen könnten, wenn die Verlader bereit wären, längere Transportzeiten zu akzeptieren. Dass nach der gleichen Umfrage ca. ein Drittel der Verlader dazu bereit wäre, zeigt schon Interesse, es muss aber auch noch Überzeugungsarbeit geleistet werden.

Schließlich ist auch der Staat gefragt. Wie eine im April 2015 veröffentlichte Studie zu den staatlich induzierten Kostenerhöhungen im Schienengüterverkehr zeigt, konterkariert der Staat (Bundesrepublik und EU) durch eine Vielzahl von regulatorischen Maßnahmen sowie durch spezifische Abgaben- und Steuererhöhungen die eigenen Verlagerungsziele. Die im Auftrag der Branchenverbände IBS und UIRR erstellte Studie zeigt anhand der Bereiche Güterwagen, Triebfahrzeuge, Energie und Infrastruktur auf Basis konkreter Verkehre auf, dass die Kosten des Schienengüterverkehrs durch staatlich induzierte Kostenerhöhungen bis 2020 um bis zu 20 % steigen (Hagenlocher und Wittenbrink 2015).[7]

3.4 Vermindern

3.4.1 Kraftstoffeinsparung und CO_2-Reduktion

Auch wenn sich sicherlich ein Teil der heutigen Verkehre vermeiden bzw. verlagern lässt, müssen Ansätze gefunden werden, die resultierenden Verkehre mit möglichst geringen Schadstoffemissionen durchzuführen (Verminderung der Emissionen). Welche Ansätze hierzu bestehen, wird im Folgenden am Beispiel der CO_2-Emissionen vorgestellt. Da ein unmittelbarer Zusammenhang zwischen dem Treibstoffverbrauch und der CO_2-Emission besteht (Tab. 2.1), kann auf die von Wittenbrink analysierten entwickelten Ansätze zur Kraftstoffeinsparung zurückgegriffen werden (Wittenbrink 2014, S. 149 ff)

Für die Akzeptanz von Verminderungsstrategien ist die Wirtschaftlichkeit der Maßnahmen von zentraler Bedeutung. Die Wirtschaftlichkeit ist wiederrum erheblich von der Höhe des Dieselpreises abhängig (Abb. 3.11). Wird der Mitte 2014 geltende durchschnittliche Dieselpreis für Großverbraucher in Höhe von 1,15 € (netto) je Liter Dieselkraftstoff zugrunde gelegt, weisen mit Ausnahme des Einsatzes von Hybridfahrzeugen sämtliche aufgezeigten Maßnahmen eine hohe

---

[7] Zu aktuellen Entwicklungen, Chancen und Herausforderungen im Schienengüterverkehr vgl. auch Wittenbrink 2015b und c).

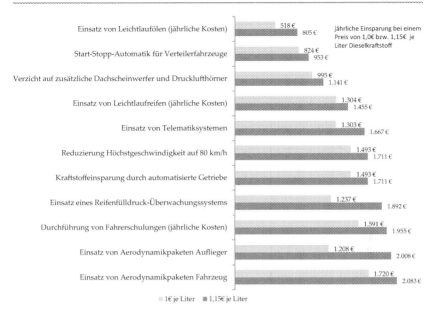

Einsatz von Leichtlaufölen (jährliche Kosten)　518 €　805 €

Start-Stopp-Automatik für Verteilerfahrzeuge　824 €　953 €

jährliche Einsparung bei einem Preis von 1,0€ bzw. 1,15€ je Liter Dieselkraftstoff

Verzicht auf zusätzliche Dachscheinwerfer und Drucklufthörner　995 €　1.141 €

Einsatz von Leichtlaufreifen (jährliche Kosten)　1.304 €　1.455 €

Einsatz von Telematiksystemen　1.303 €　1.667 €

Reduzierung Höchstgeschwindigkeit auf 80 km/h　1.493 €　1.711 €

Kraftstoffeinsparung durch automatisierte Getriebe　1.493 €　1.711 €

Einsatz eines Reifenfülldruck-Überwachungssystems　1.237 €　1.892 €

Durchführung von Fahrerschulungen (jährliche Kosten)　1.591 €　1.955 €

Einsatz von Aerodynamikpaketen Auflieger　1.208 €　2.008 €

Einsatz von Aerodynamikpaketen Fahrzeug　1.720 €　2.083 €

1€ je Liter　1,15€ je Liter

Abb. 3.11 Wirtschaftlichkeit von kraftstoffsparenden Maßnahmen. (Quelle: Aktualisierung nach Wittenbrink 2014, S. 149 ff.)

Wirtschaftlichkeit aus. Abgesehen davon, dass angesichts der Endlichkeit der Ölreserven und der zu erwartenden weltweiten Nachfragesteigerung nach Ölprodukten mittelfristig wieder mit steigenden Dieselpreisen zu rechnen ist, zeigt die folgende Abbildung, dass sich selbst bei dem Anfang 2015 geltenden Dieselpreis von 1 € je Liter Dieselkraftstoff die Maßnahmen rentieren.

Da mit jedem verbrannten Liter Diesel eine Emission von 3,15 kg (WTW) an CO_2 verbunden ist (Tab. 2.1), entspricht die relative Kraftstoffeinsparung gleichzeitig der entsprechenden CO_2-Reduktion. Es sei an dieser Stelle noch einmal darauf hingewiesen, dass die Maßnahmen nicht beliebig kumulierbar sind, da sie sich z. T. gegenseitig ergänzen bzw. bei gleichzeitiger Durchführung Doppelzählungen auftreten können (z. B. Fahrerschulung und Telematikeinsatz). Darüber hinaus können die Effekte nicht addiert werden, da sie nur multiplikativ verknüpft sind. Schließlich werden einige Maßnahmen nur bei den Fernverkehrs-Lkw angewendet, andere wiederum werden beim Verteiler-Lkw eingesetzt.

Insofern können die Maßnahmen als Checkliste für die Optimierung des eigenen Fuhrparks angesehen werden. Insgesamt zeigt sich jedoch, dass erhebliche Potenziale zur Kraftstoffeinsparung und damit zur Reduktion der CO_2-Emissionen

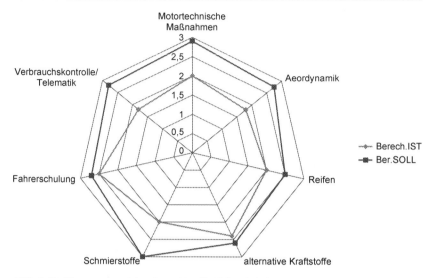

Abb. 3.12 Flottenpotenzialanalyse. (Quelle: Wittenbrink 2012a, S. 17)

bestehen. Dabei bietet es sich an, die Effekte der einzelnen Maßnahmen im eigenen Fuhrpark zu prüfen und über den Einsatz zu entscheiden. Die tatsächlichen Effekte hängen sehr stark von den Gegebenheiten im Betrieb ab.

Aufbauend auf den Erkenntnissen zu den Potenzialen zur CO_2-Reduktion gehen immer mehr Unternehmen dazu über, Flottenpotenzialanalysen durchzuführen (Abb. 3.12). Hierbei werden die tatsächlich vorhandenen Potenziale bei dem spezifischen Unternehmen mit der Ist-Situation verglichen. Dies kann zum einen sehr detailliert bei einem spezifischen Fuhrpark erfolgen, wobei die Daten jedes einzelnen Fahrzeugs berücksichtigt werden. Zum anderen haben sich auch internetbasierte Flottenpotenzialanalysen bewährt, bei denen Verlader ihre Transportunternehmen auffordern, spezifische Fragen zu ihrer Flotte zu beantworten. Anhand der Antworten wird dann eine Flottenpotenzialanalyse mitsamt einer Klassifizierung der Unternehmen durchgeführt. Auf dieser Basis lassen sich dann konkrete Verbesserungsmaßnahmen vereinbaren und nachhalten. Nach Erfahrungen des Autors dieses Buches zeigen derartige Analysen i. d. R. erhebliche CO_2-Minderungs- und Kostensenkungspotenziale. Zumeist einigen sich Verlader und Transportunternehmen darauf, die erzielten Kosteneinsparungen zu teilen, wenn die Analyse vom Verlader initiiert wird. Viele Verlader führen eine entsprechende Analyse auch dann durch, wenn es darum geht, durch Kosteneinsparungen möglichen Preiserhöhungen entgegenwirken zu können.

3.4.2 Flottenpotenzialanalysen

Insgesamt zeigt sich, dass im Bereich der Kraftstoffeinsparung noch erhebliche Potenziale bestehen. Wie Gespräche des Autors mit Transportunternehmen zeigen, werden diese nach wie vor unzureichend genutzt. Die Ursache dafür liegt zum einen im mangelnden Wissen über die Potenziale. Hier ist also Aufklärungsarbeit notwendig. Zum anderen hat die Zurückhaltung auch mit der angespannten Liquidität bei vielen Transportunternehmen zu tun. Wie Tab. 3.2 zeigt, ist es oftmals sinnvoll, in eine bessere Fahrzeugausstattung zu investieren, um die Betriebskosten zu senken. Hierfür fehlt bei einigen Unternehmen jedoch die notwendige Liquidität.

Die Liste der Maßnahmen ist jedoch nicht nur für die Fuhrparkbetreiber interessant. Auch Verlader gehen zunehmend dazu über, im Rahmen ihres Umweltmanagements und der Erstellung von Carbon-Footprint-Analysen auch die Lieferanten und hier insbesondere die Transportunternehmen einzubeziehen. Die dazu durchgeführten Analysen, z. B. im Rahmen von Flottenpotenzialanalysen, führen nicht selten zur Identifikation von erheblichen Potenzialen zur CO_2-Reduktion. Dass mit dieser immer auch eine Senkung der Energieverbräuche verbunden ist und sich dadurch Potenziale zur Transportkostensenkung ergeben, ist ein positiver Nebeneffekt. Insofern können Umweltschutzaktivitäten, insbesondere dann, wenn diese mit Energieverbrauchssenkungen verbunden sind, auch erhebliche Kosteneinsparungen mit sich bringen. Zumindest für diesen Fall gibt es keinen Zielkonflikt zwischen Umweltschutz und Wirtschaftlichkeit – im Gegenteil. Es kommt noch ein Punkt hinzu. Die Erfahrung zeigt, dass die Unternehmen, die sich intensiv mit dem Thema „Umweltschutz" auseinandersetzen, zumeist auch insgesamt innovativer und effizienter als viele Wettbewerber sind, ihre Prozesse besser organisiert haben und neuen Ideen zumeist sehr offen gegenüberstehen.

Tab. 3.2 Kostensenkung und Reduktion von CO_2-Emissionen durch Kraftstoffeinsparungen beim Lkw. (Quelle: Wittenbrink 2014, S. 179)

Nr.	Maßnahme	ca. Mehrpreis	Kraftstoffeinsparung bzw. CO_2-Reduktion in %	Basis-Fahrzeug	Kostensenkung pro Jahr bei Dieselpreis von 1,15 €/L	
					€	%
1	Kraftstoffeinsparung durch automatisierte Getriebe	Kein Mehrpreis	3,0	Gliederzug	1.711 €	1,1
2	Start-Stopp-Automatik für Verteilerfahrzeuge	200 €	5,0	Verteil-Fz 11,99	953 €	1,0
3	Einsatz, von Hybridfahrzeugen im Verteiler-Verkehr	25.000 €	15,0	Verteil-Fz 11,99	−4.283 €	−4,5
4	Einsatz von Aerodynamikpaketen Fahrzeug	3000 €	5,0	Gliederug	2.083 €	1,3
5	Einsatz von Aerodynamikpaketen Auflieger	5000 €	5,0	Gliederzrug	2.008 €	1,3
6	Verzicht auf zusätzliche Dachscheinwerfer und Drucklufthörner	Kein Mehrpreis	2,0	Gliederzrug	1.141 €	0,7
7	Einsatz von Leichtlaufreifen (jährliche Kosten)	500 €	3,0	Gliederzrug	1.455 €	0,9
8	Einsatz von Super-Single-Reifen (jährliche Kosten)	2000 €	3,0	Sattelzug	255 €	0,2
9	Einsatz eines Reifenfülldruck-Überwachungssystems	1000 €	3,0	Gliederzug	1.892 €	1,2
10	Einsatz von Leichtlaufölen (jährliche Kosten)	300 €	2,0	Gliederzug	805 €	0,5
11	Durchführung von Fahrerschulungen (jährliche Kosten)	800 €	5,0	Gliederzug	1.955 €	1,2
12	Einsatz von Telematiksystemen	2000 € + ca. 50 €/Monat	5,0	Gliederzug	1.667 €	1,0
13	Reduz. Höchstgeschwindigkeit	Kein Mehrpreis	3,0	Gliederzug	1.711 €	1,1
14	Reduz. Fahrzeuggewicht	Keine Angabe	1–3	Gliederzug	–	0,0
15	Überprüf. Nebenkomponenten	Keine Angabe	1–3	Gliederzug	–	0,0

Was Sie aus diesem Essential mitnehmen können

- Verschafft einen Überblick über die Methoden zur Berechnung des Carbon Footprint und stellt Berechnungsbeispiele vor
- Zeigt die grundsätzlichen Ansätze zur Emissionsreduktion im Güterverkehr
- Beschreibt Ansätze zur Vermeidung von Emissionen im Güterverkehr
- Zeigt logistische Steuerungsprinzipien und deren Auswirkungen auf die transportbedingten Emissionen und Formen der Bündelung von Transporten
- Entwickelt Ansätze zur Verlagerung von Transporten von der Straße auf die Schiene und beschreibt die Gründe für und gegen den Einsatz der Schiene
- Analysiert Ansätze zur Verminderung der transportbedingten Emissionen, insbesondere zur Kraftstoffeinsparung und Verminderung von CO_2-Emissionen

© Springer Fachmedien Wiesbaden 2015
P. Wittenbrink, *Green Logistics,* essentials, DOI 10.1007/978-3-658-10692-8

Literatur

Aberle, Gerd. 2009. *Transportwirtschaft – Einzelwirtschaftliche und gesamtwirtschaftliche Grundlagen*. 5. Aufl. München: Oldenbourg.

Adamek, Bernhard, Jobst Grotrian, und Paul Wittenbrink. 2012. Hat der Wagenladungsverkehr eine Zukunft? Herausforderungen und Perspektiven für den WLV in Europa. In *SVWG Schweizerische Verkehrswissenschaftliche Gesellschaft*, Jahrbuch 2012, 5–20. St. Gallen.

Bracher, Tilman, Jürgen Gies, Jörg Thiemann-Linden, und Klaus J. Beckmann. 2014. *Umweltverträglicher Verkehr 2015: Argumente für eine Mobilitätsstrategie für Deutschland*. Umweltbundesamt, Texte 59/2014.

Bretzke, Wolf-Rüdiger. 2014. *Nachhaltige Logistik*. 3. Aufl. Berlin.

Bruckmann, Dirk. 2006. Entwicklung einer Methode zur Abschätzung des containerisierbaren Aufkommens im Einzelwagenverkehr und Optimierung der Produktionsstruktur. Dissertation. Universität Duisburg-Essen, Essen.

DB Schenker Rail. 2014. Serviceinformation Güterwagen. www.gueterwagenkatalog.rail. dbschenker.de/gwk-de/start/Gattung_S_Coil/3157210/Sahimms_900.html?start=0. Zugegriffen: 24. Feb. 2014.

Dillerup, Ralf, und Roman Stoi. 2013. *Unternehmensführung*. 4. Aufl. München.

DSLV Deutscher Speditions- und Logistikverband e. V. 2013. *Leitfaden: Berechnung von Treibhausgasemissionen in Spedition und Logistik gemäß DIN EN 16 258*. 2. Aktualisierte Aufl. (Stand März 2013). Bonn.

Eurailpress. 2008. *Das System Bahn*. Hamburg.

Förtsch, Gabi, und Heinz Meinholz. 2011. *Handbuch betriebliches Umweltmanagement*. Wiesbaden.

Gleißner, Harald, und Christian Femerling. 2008. *Logistik – Grundlage, Übungen, Fallbeispiele*. Wiesbaden.

Grünig, Gerhard. 2010. Gute Luft hat einen sehr hohen Preis. *VerkehrsRundschau* 21:58–61.

Günther, Edeltraud, und Eberhard Feess. 2010. *Umweltmanagement*. In Gabler Wirtschaftslexikon-App. Wiesbaden 2010.

Hagenlocher, Stefan, und Paul Wittenbrink. 2015. *Analyse staatlich induzierter Kostensteigerungen im Schienengüterverkehr am Beispiel von ausgewählten Relationen*. Karlsruhe.

Hagenlocher, Stefan, Bernhard Heizmann, und Paul Wittenbrink. 2013. Ableitung effizienter Organisationsformen im Schweizer Schienengüterverkehr in der Fläche. Gutachten der hwh Gesellschaft für Transport- und Unternehmensberatung für das Bundesamt für Verkehr BAV, Abschlussbericht. Karlsruhe/Bern.

Heiserich, Otto-Ernst, Klaus Helbig, und Werner Ullmann. 2011. *Logistik – Eine praxisorientierte Einführung*. 4. Aufl. Wiesbaden: Gabler Verlag.

Intraplan Consult, und Ralf Ratzenberger. 2013. Gleitende Mittelfristprognose für den Güter- und Personenverkehr. Kurzfristprognose Sommer 2013 im Auftrag des Bundesministeriums für Verkehr, Bau und Stadtentwicklung. München, Köln.

Intraplan Consult, und Ralf Ratzenberger. 2014. Gleitende Mittelfristprognose für den Güter- und Personenverkehr. Mittelfristprognose Winter 2013/14 im Auftrag des Bundesministeriums für Verkehr, Bau und Stadtentwicklung. München, Köln.

Kranke, Andre. 2009. So ermitteln Sie den CO_2-Footprint. *VerkehrsRundschau* 42:20–23.

Kranke, Andre, Martin Schmied, und Andrea Dorothea Schön. 2011. *CO_2-Berechnung in der Logistik, Datenquellen, Formeln, Standards*. München: Vogel.

o. V. 2010. Logistiker müssen Auskunft geben. *Deutsche Verkehrs-Zeitung*, 38 vom 30. März 2010.

Ruthenschröer, Andreas, und Matthias Wohlfahrt. 2010. Ein Abdruck für jede Sendung. *Deutsche Verkehrs-Zeitung,* 86:10, vom 20. Juli 2010.

Schmied, Martin. 2010. Treibhaus in Zahlen, Methoden, Grundlagen, Standards. *Deutsche Verkehrs-Zeitung*, 68, Sonderbeilage Green Logistics:3.

Schmied, Martin, und Wolfram Knörr. 2012. Carbon Footprint – Teilgutachten „Monitoring für den CO_2-Ausstoß in der Logistikkette". *Umweltbundesamt Texte* 29/2012.

SRU Sachverständigenrat für Umweltfragen SRU. 2012. *Umweltgutachten 2012 – Verantwortung in einer begrenzten Welt*. Berlin.

Umweltbundesamt. 2014. Schadstoff- und Treibhausgasemissionen des Straßenverkehrs. www.umweltbundesamt.de/daten/verkehr/schadstoff-treibhausgas-emissionen-des. Zugegriffen: 14. Jan. 2014.

Verband Deutscher Verkehrsunternehmen (VDV). 2008. *Handbuch Schienengüterverkehr*. Hamburg: DVV Media Group.

VDV. 2012. Bund fördert Gleisanschluss mit 56 Millionen Euro bis 2016. VDV-Presse-Information vom 4. Dez. 2012.

VDV. 2014. Gleisanschluss bauen, erweitern und reaktivieren – Das Förderprogramm des Bundes nutzen. www.vdv.de/foerderung.aspx. Zugegriffen: 24. Feb. 2014.

Wittenbrink, Paul. 2007. Strategische und organisatorische Optionen für Güterbahnen. *Internationales Verkehrswesen* 11:512–519.

Wittenbrink, Paul. 2008. Aufbruch und Handlungsbedarf. *Güterbahnen* 1:34–39.

Wittenbrink, Paul. 2009. Auf Euro und Cent genau. Umweltschutz kann sich auch in schwierigen Zeiten für den Fuhrpark rechnen. *Deutsche Verkehrs-Zeitung,* 47 v. 18. April 2009, Sonderbeilage Nutzfahrzeug- und Flottenmanagement:4.

Wittenbrink, Paul. 2010. Green Logistics führt zu Kosten- und Wettbewerbsvorteilen. *Internationales Verkehrswesen*, 5/2010:16–20.

Wittenbrink, Paul. 2012a. Flottenpotenzialanalyse: kleine Kosten – große Wirkung Praxisbeispiel 5: hwh – Gesellschaft für Transport und Unternehmensberatung. *Logistik-cluster Region Basel*, Einstieg in die grüne Logistik:16–18.

Wittenbrink, Paul. 2012b. Systemkostenvergleich Straße und Schiene im Güterverkehrsbereich. Eine systematische Betrachtung der Kostenstrukturen. *Güterbahnen* 2:14–17.

Wittenbrink, Paul. 2012c. „WLV-Operateur" – neues Geschäftsmodell für Speditionen? *Railbusiness*, 11/12:8–9, vom 12. März 2012.

Wittenbrink, Paul. 2012d. „WLV-Operateur" – neues Geschäftsmodell für Speditionen? *Railbusiness*, 1/12:8–9, vom 12. März 2012.

Wittenbrink, Paul. 2013. Konzentration auf Korridore: Der Einzelwagenverkehr braucht neue Ansätze. Eine Fokussierung auf Relationen und neue Organisationsformen könnte Erfolg bringen. *Railbusiness*, 16/2013:16, vom 15. April 2013.

Wittenbrink, Paul. 2014. Transportmanagement – Kostenoptimierung, Green Logistics und Herausforderungen an der Schnittstelle Rampe. 2., vollständig neu bearbeitete und erweiterte Auflage. Wiesbaden.

Wittenbrink, Paul, und Markus Breisinger. 2013. *Umweltbarometer 2013, Logistikcluster Region Basel*. Basel.

Wittenbrink, Paul, und Markus Breisinger. 2014. *Umweltbarometer 2014, Logistikcluster Region Basel*. Basel.

Wittenbrink, Paul, und Gunnar Gburek. 2009. Green Logistics als Gewinner-Thema in stürmischen Zeiten, Ergebnisse einer Befragung der Dualen Hochschule Baden-Württemberg mit dem Bundesverband Materialwirtschaft, Einkauf und Logistik (BME). Frankfurt/Lörrach.

Wittenbrink, Paul, und Gunnar Gburek. 2011. BME/DHBW-*Umfrage zum Transportmarkt 2012*. Frankfurt a. M.

Wittenbrink, Paul, und Gunnar Gburek. 2014. BME/DHBW-*Umfrage „Kombinierter Verkehr 2014 – Chancen und Risiken"*. Frankfurt a. M.

Wittenbrink, Paul, Stefan Hagenlocher, und Bernhard Heizmann. 2013. Neue Formen einer Organisation des Einzelwagenverkehrs. *Zeitschrift für Verkehrswissenschaft* 1:24–49.

Wittenbrink, Paul. 2015a. So sehen die Verlader den Kombinierten Verkehr – DHBW/BME-Umfrage. *PrivatbahnMagazin* 2:34–36.

Wittenbrink, Paul. 2015b. Optimismus auf der Schiene trotz Stagnation- hwh und DVV Media Group stellen die Frühjahrsergebnisse zum RFX vor. *Güterbahnen* 2:20–23.

Wittenbrink, Paul. 2015c. Kosten, Wettbewerb und Regulierungen kontra Stau, Mindestlohn und Innovationen – Ergebnisse der RFX-Umfrage zu Chancen und Risiken im Schienengüterverkehr. *Güterbahnen* 2:23.

Zunke, Karsten. 2009. Die Supply-Chain wird begrünt. *Pro Firma* 12:56–58.

Sachverzeichnis

© Springer Fachmedien Wiesbaden 2015
P. Wittenbrink, *Green Logistics,* essentials, DOI 10.1007/978-3-658-10692-8

Printed in the United States
By Bookmasters